大学生创业融资方案演进
虚拟仿真实验

主　编　袁堂梅

副主编　陈秀莲　丁焕香

中国财经出版传媒集团

经济科学出版社
Economic Science Press

·北京·

图书在版编目（CIP）数据

大学生创业融资方案演进虚拟仿真实验/袁堂梅主
编；陈秀莲，丁焕香副主编. —北京：经济科学出版
社，2023.6
ISBN 978 - 7 - 5218 - 4916 - 5

Ⅰ.①大… Ⅱ.①袁… ②陈… ③丁… Ⅲ.①大学生
- 创业 - 企业融资 - 研究 Ⅳ.①G647.38

中国版本图书馆 CIP 数据核字（2023）第 122048 号

责任编辑：吴　敏
责任校对：徐　昕
责任印制：张佳裕

大学生创业融资方案演进虚拟仿真实验
DAXUESHENG CHUANGYE RONGZI FANG'AN YANJIN XUNI FANGZHEN SHIYAN
主　编　袁堂梅
副主编　陈秀莲　丁焕香
经济科学出版社出版、发行　新华书店经销
社址：北京市海淀区阜成路甲 28 号　邮编：100142
总编部电话：010 - 88191217　发行部电话：010 - 88191522
网址：www. esp. com. cn
电子邮箱：esp@ esp. com. cn
天猫网店：经济科学出版社旗舰店
网址：http：//jjkxcbs. tmall. com
北京季蜂印刷有限公司印装
710×1000　16 开　15.5 印张　220000 字
2023 年 6 月第 1 版　2023 年 6 月第 1 次印刷
ISBN 978 - 7 - 5218 - 4916 - 5　定价：55.00 元
（图书出现印装问题，本社负责调换。电话：010 - 88191545）
（版权所有　侵权必究　打击盗版　举报热线：010 - 88191661
QQ：2242791300　营销中心电话：010 - 88191537
电子邮箱：dbts@ esp. com. cn）

《大学生创业融资方案演进虚拟仿真实验》课程聚焦创业融资主题，整合《创业基础》《基础会计》《金融学》《财务管理》等相关知识，突出区块链融资技术应用，依托课题研究成果设计研发而成。课程将国家创新创业政策、创业不同阶段运营特征、区块链技术背景下的融资渠道相结合，通过虚实结合的教学组织方法，运用任务驱动、自主学习、互动探究等教学手段，对创业融资进行全流程虚拟仿真。课程秉承融资思路适时引导、融资方案动态选择、融资效果360°评价等进行系统架构，可有效突破创业期资金耗费不可逆风险以及创业时空跨度大、创业活动无法预演等限制。学生可依据计划创业项目和预设项目进行融资体验和资金运营循环周转模拟，使学生模拟并掌握先进融资技能，锻炼资金融通和周转能力，从而有效破解创业融资的实验难题，培养学生模拟达成创业资金周转目标的能力，拓展大学生创业的实验内容。本课程基于《国务院办公厅关于深化高等学校创新创业教育改革的实施意见》《国务院关于推动创新创业高质量发展打造"双创"升级版的意见》等一系列有关鼓励大学生创新创业的"双创"文件，是解决大学生创业实践中融资难和资金周转难的创业瓶颈问题的虚拟仿真实验，可有效解决资金消耗大、时空跨度大、不可逆，以及线下实验无法进行的难题。

　　是为序。

课题组

2023 年 6 月 6 日

致谢

从虚拟仿真实验设计到本教材出版，历经 5 年的时光，这期间经历了太多的波折与可以追忆的美好场景。在此感谢《大学生创业融资方案演进虚拟仿真实验》开发团队 23 位成员的辛苦付出！

在开发虚拟仿真实验过程中，是团队成员在漫长时光里的研究—设计—开发—演示—否定—再研究—再设计—再开发—再演示……循序渐进、努力奋进、勇敢前行，最终完成了实验的设计、开发、修改、完善和运行，直至成功申报并获批山东省一流本科课程，并推荐参与国家级课程的评审。是临沂大学商学院领导们的大力支持和鼓励，才能让开发组人员在一次次的失败中跌倒了再爬起来，继续前行；是厉昌艳等 9 位同学利用课余时间，对于实验对话和实验图表的设计、实验预设数据的反复演练，才最终形成实验预设项目的基础数据和实验报告的后台形成模式；是大家的共同努力，才使得长达 100 页的申报书得以顺利完成！

感谢出版社编辑们的辛苦工作，才使得这本教材能够呈现在读者面前。

最后，感谢家人们的鼓励、支持和参与实验测试。

目录

第三部分　开启自己的创业之路

附录

第一部分
实验概述

第一章 实验开发背景描述

第一节 实验开发背景描述

一、实验开发的必要性

在各本科专业《创业基础》通识课的教学中，创业项目资金融通和周转是重要内容。但由于创业耗费资金巨大、创业活动本身具有商业机密性，正常的创业活动无法让学生参与实习和实践，线下又不具备开展创业融资和资金周转的实验条件，因此非常有必要通过虚拟仿真来完成相关实验任务（见图1.1）。

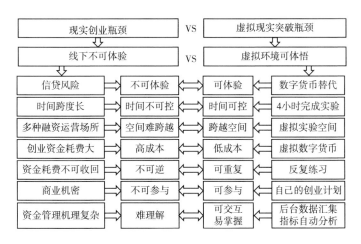

图1.1 通过虚拟环境实现不可体验的可体验性

（一）增强诚信和责任担当意识，推行国家"双创"优惠扶持政策

创业过程中资金需求量大，现存各种非法集资方式，容易使学生误入融资困境，需要对大学生创业资金的融通给予正确引导，增强学生的诚信意识和责

任担当意识。为了促进创新创业，国家出台了一系列针对大学生创业的优惠扶持政策，充分利用好这些政策可以很好地缓解创业过程中的资金融通压力。

（二）创业过程中的超大时空跨度导致线下实验无法进行

从申请创业融资到资金到账需要一定的时间，而创业运营需要几年甚至几十年的时间。融资渠道多样，创业过程复杂，再加上巨大的时空跨度，使线下实验难以在有限的课时内完成。

（三）创业投融资环境复杂，投出资金无法收回

创业初始资金的获得非常艰难，投资环境复杂多变、难以预测，稍有不慎，投出的资金将覆水难收。因此，巨大的资金消耗和不可逆性无法实现全体学生参与线下实验。

（四）创业运营的商业机密性和难懂的创业资金周转机理

以创新为基础的创业活动是从 0 到 1 的艰难过程，而对创新的成果复制却非常简单，因此，为避免这种情况出现，对创新过程进行严格保密，故创业具有非常强的商业机密性。创业投融资的过程伴随着资金在不同类型资产之间的转换，而在现实中，财务数据不公开，资金周转难以观察，学生没有机会体验资金流失的过程，更无法深入理解和掌握创业资金周转机理。

二、实验课程的实用性

学生可将计划创业项目数据代入实验，身临其境地深刻体悟创业融资和资金周转的全过程。通过交互操作掌握创业融资知识，优化融资方案，化解创业过程中的资金瓶颈难题，快速查看创业运营的财务结果和评价报告，并可随时联系在线指导老师，从而助推创新项目从计划到实践，并提高创业孵化成功率，具体如图 1.2 所示。

图 1.2　实验课程的实用性

实验课程的实用性具体体现在以下几个方面：

第一，可对自有计划创业项目进行体验，验证项目融资运营的可行性。实验既可以面向有计划创业项目前期准备的学生，根据前期市场调研结果直接进入实验，进行自有计划创业项目的体验，实验结果可直接检验创业项目融资的可能性和运营的财务可行性，并可根据实验数据和结果，由指导教师给出精准的创业指导意见；又可在没有前期创业计划书的情况下，根据系统给定的初始案例数据体验创业融资的渠道、内容和企业资金周转的规律。

第二，提供不同创业阶段的融资方案推演功能。创业起始阶段和正常企业的融资存在很大的不同，创业实际运营和成长期的融资方式也有较大差别，因此实验针对创业起始阶段和创业成长期的不同，设置了了不同的可体验的融资渠道，以让学生充分了解和掌握不同创业阶段资金融通的不同途径，从而提升大学生创业融资与资金周转的能力。

第三，通过后台运作快速查看创业运营的财务结果。读懂财务报表是创业所需具备的基本素质之一，而财务知识的学习又很难在短时间内完成，因此，实验运用现代信息技术的强大功能，将创业融资和投资运营的数据直接收集到实验后台，体现投融资资金的周转循环过程，让实验者随时查看和分析，随时观察创业资金的周转情况和现存形式，体悟资金管理的重要性。

第四，实验系统演练和教师随时指导，助推创业项目从计划到实践，并提高创业孵化成功率。学生在实验过程中可以通过任务驱动、自主学习、互动探究等实验教学方法自主完成实验，在遇到困难时可以随时联系实验课程服务人员给予帮助，针对实验过程及结果，指导老师可以结合试验过程留存数据进行精准指导，以帮助创业者提升孵化创业项目的能力。

三、教学设计的合理性

（一）思政融入，增强诚信和责任担当意识

创业项目资金耗费大，而学生没有固定收入，其投资资金主要来源于父母、朋友或者银行贷款，其中贷款除了需要归还本金之外，还会产生较多的利息。在创业过程中，资金一旦投出将不能收回，如果不能成功创业，可能背负巨额债务，给家庭经济带来很大影响。因此，在实验内容的教学设计中特别加

入了信贷风险防范和国家创业优惠政策等内容，以帮助学生正确理解理财知识，增强资金融通观念和按期归还意识，培养学生对资金的正确观念、诚信意识和责任担当意识。

（二）科学设计，适用于不同专业和不同层次的人群

实验通过科学设计和处理，将区块链融资技术和《创业基础》《基础会计》《金融学》《财务管理》等课程中的相关知识进行整合，运用任务驱动、自主学习、互动探究等教学手段和虚实结合的教学组织方法，秉承融资思路适时引导、融资方案动态选择、融资效果360°评价等进行系统架构，可有效解决非经济类学生经济知识相对欠缺的限制，不同专业和不同层次的人群均可依据计划创业项目和预设项目进行实验的融资体验和资金周转运营模拟。

（三）解决传统教学中的教学断层问题，对创业投融资过程进行深入指导

传统的教学中，由于学生无法接触资金这一痛点，学生无法真正进行创业融资的实质性实验，导致创业投融资能力难以得到有效训练和提升。一般的教学过程为"理论—调研—创业计划书"，这使得大多数学生的创业计划书只停留在纸面，直接进行创业实践的非经济类专业的学生也是在财务数据的懵懂中冒险进行，存在严重的资金周转风险。而本实验在学生已经拥有创业项目设计和调研数据的基础上，将创业计划书数据代入实验进行检验，并根据实验结果和老师的指导意见进行决策，可以很好地规避这一风险，使得教学环节比较完整：理论—调研—创业融资实验推演—创业实践或者优化创业项目。

（四）解决创业过程中的融资资金耗费大、不可回收的难题

虚拟仿真技术解决了创业投融资无法真实进行这一关键瓶颈，通过"虚实结合"的方式，通过虚拟创业融资、创业资金周转和真实实验流程，为学生提供创业投融资和项目运营的机会，能有效解决创业资金耗费大、真实教学实验无法展开等瓶颈问题。学生通过实验掌握创业过程中的资金来源、资金使用和资金循环运转的思路和方法，提高对创业资金的融通和周转能力。

（五）解决创业时空跨度大的问题

采用虚拟仿真技术，重点让学生体验融资和资金周转的创业过程，跳过

融资和投资的等待期，将现实创业中几个月到几年的过程浓缩在 4 个小时的实验中，解决现实创业融资所需时间长，无法满足学生短时间实验的问题。实验不再局限于实验室或某一固定地点，随时随地可以进行，拓宽了实验学习空间。

（六）线上线下虚实结合，完善了教学体系

教师通过线上、线下指导，及时解决学生在实验操作过程中的问题，有效提高实验教学效果。同时，虚拟仿真系统实现了在线人机互动，学生可以不限时间、不限次数地各个问题进行反复练习，能有效提高学生对创业融资和投资运营技能的掌握。因此，一方面，实验丰富了原有实验教学形式，弥补了实验条件对实验教学内容更新的限制，为后续从事实际创业工作做好衔接，提高了实验的教学质量，完善了课程的教学体系；另一方面，可以增强学生在实验中的交互性、沉浸感和感知性，调动学生的积极性和主动性，在反复练习和拓展应用过程中，提高学生触类旁通、拓展创业实践的能力。具体如图 1.3 所示。

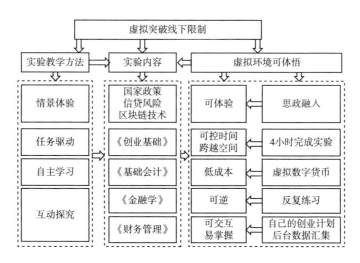

图 1.3　实验教学设计的合理性

总之，虚实结合和沉浸式的实验教学设计，以及全面的创业投融资知识，解决了创业时空跨度大、创业资金耗费大、不可回收的难题，解决了传统教学中的教学断层问题，拓宽了创业实践的教学内容，可面向不同专业和不同层次的人群实施教学，充分体现以学生为中心的教学理念，增加学生的学习兴趣，完善教学体系。

四、实验系统的先进性

（一）坚持"课程思政、德育为先"的教育理念

基于课程思政教学观，将国家政策、诚信意识、信贷风险融入实验，培养学生的"理想信念""家国情怀""义利兼顾、义为先"的责任担当精神，以及"诚实守信"的行为规范，激发大学生创新创业的激情和勇挑重担的社会责任感。

（二）融合区块链新技术，化解小微企业融资难问题

2019年10月25日，习近平总书记在中央政治局第十八次集体学习时强调，要把区块链作为核心技术自主创新的重要突破口，加快推动区块链技术和产业创新发展，积极推进区块链和经济社会融合发展。2020年4月20日，国家发展改革委宣布正式将区块链纳入新基建范畴。区块链中的联盟链融资是解决小微企业融资难问题的一个很好的方案。因此，将"区块链"新技术融入实验，既有利于创业企业融资渠道的扩展，也有利于新技术的扩散和推广应用。

（三）科学研究助推虚拟仿真实验教学内容的提升

将项目团队成员的"国家社科基金规划"和"山东省重大财经应用课题"的研究成果融入虚拟仿真实验教学内容，提升了实验的学术水平。学生在实验中可以接触到前沿的理论、先进的技术，有助于开阔视野、拓展知识结构。教师通过线下和线上指导，了解学生实验情况和存在的问题，逐步完善试验系统，从而进一步反哺教学。

（四）多种教学方法有机结合

实验采用任务驱动、自主学习、互动探究等教学手段，对创业融资方案进行全流程虚拟仿真设计。由教师讲授向学生自主实验转变，由原理讲解向实际应用转变，由单向不可逆向多维不确定转变，充分发挥虚拟仿真实验可重复、可体验、可交互、低成本的优势。

（五）采用虚拟仿真技术和后台运作技术，实现资金循环周转的可视化

实验通过创业融资和资金周转的过程，展示了资金流动的规律，将"不可视"的资金与实物的循环周转过程透过"形象展现抽象"的实验设计"放大"可视，揭示资金循环周转的机理。

综上所述，实验通过合理的教学设计、思政元素相融合、国家政策和区块链技术的融入，将学生自主完成的创业计划书内容代入实验，真实推演创业融资与资金周转的全过程，并结合教师的专业辅导，促进创业企业的孵化成功率。

第二节 实验原理

一、实验原理概述

通过创业过程模拟，整合创业过程中涉及的资金预测、资金融通、经营运作等不同场景，以互联网、区块链和现代信息技术为核心，建立典型的虚拟仿真单元，实现情境学习和知识迁移。实验设计的核心原理是：在"虚实结合，创业融资与资金投放、运营周转，实物流与资金流如影随形"的总设计理念下，基于问题导向，将需要解决的核心问题作为顶层设计的依据，将教学问题设计为实验方案，利用虚拟仿真技术对大学生创业过程中资金流转与循环的复杂环境进行虚拟化和仿真化处理，引入现实规则和数据，构建企业资金需求、资金短缺、资金筹集、资金使用和资金回笼等虚拟场景。在仿真的环境中，让学生选择合理的融资方式完成初创期、成长期的融资体验。

二、模块内嵌逻辑关系

实验中各个模块数据内嵌的逻辑原理关系如下：

1. 模块一：初始资金需求测算内嵌公式

$$TI = a + b + c + w0 + d + e + f + h + l + i + j + k$$

其中，TI 代表总投资额，其他字母的含义如表 1.1 所示。

2. 模块二：初始外部融资额决策

$$TD = TI - M_1 - M_2 - M_3 - \cdots - M_n$$

其中，TD 代表外部总融资额，M 代表创业团队成员自有资金投入额。

3. 模块三：运营期各月月初资金余额预测值

$$Y_0 = z - a - b - c - w0 - h - j$$

$$Y_1 = Y_0 - a_1 - b_1 - c_1 - d_1 - e_1 - f_1 - g_1 - h_1 - i_1 - j_1 - k + A_1$$

$$Y_2 = Y_1 - a_2 - b_2 - c_2 - d_2 - e_2 - f_2 - g_2 - h_2 - i_2 - j_2 + A_2 + B_1$$

$$\cdots\cdots$$

$$Y_n = Y_{n-1} - a_n - b_n - c_n - d_n - e_n - f_n - g_n - h_n - i_n - j_n + A_n + B_{n-1}$$

其中，Y_0，Y_1，Y_2，$\cdots$，Y_n 代表各月月初资金余额预测值，a 代表现金，b 代表应收账款，其他字母的含义如表 1.1 所示。

4. 模块四：财务报表形成内嵌计算公式

（1）固定资产折旧。

$$D = (a_0/240 + b_0/120 + c_0/60) \times 月数$$

其中，D 代表固定资产折旧，a_0，b_0，c_0 的含义如表 1.1 所示。

（2）无形资产摊销。

$$E = w0/12n \times 月数$$

其中，E 代表无形资产摊销，w0 和 n 的含义如表 1.1 所示。

（3）流动运营资金。

$$k = (a + b + c + d + e + f + g + h + i + j) \times r$$

5. 模块五：项目可行性评价指标的内嵌公式

净现值计算公式：

$$NPV = \sum (CI - CO)_t (1 + i)^{(-t)}$$

其中，NPV 代表净现值，t 代表第 t 年，i 代表折现率，CI 代表年收益，CO 代表年支出。

表 1.1　　　　　　　　　　　创业各项投资支出数据代码

代码	办公场所设施	生产用厂房车间等（制造业有）	设备（制造业有）	无形资产	团队成员工资	聘用人员工资	生产运营耗材	办公耗用材料	研发费用	保险费用	运营支出	广告费等	流动运营资金预留
数据代码	自建, c_0; 租赁, $c = c_1 \times 3$	自建, a_0; 租赁, $az = a_1 \times 3$	自建, b_0; 租赁, $bz = b_1 \times 3$	w_0	d	e	f	g	h	l	i	j	k
备注	自建, $c_1 = 0$; 反之, $c_0 = 0$	自建, $a_1 = 0$; 反之, $a_0 = 0$	自建, $b_1 = 0$; 反之, $b_0 = 0$	有效期 $12n$	$d = n_1$ 人均工资; $d = d_1 \times 3$	$e = n_2$ 工人工资; $e = e_1 \times 3$	$f =$ 预计产量 × 单位材料消耗定额 × 单价	$f = f_l \times 3$	$g = g_l \times 3$	$h = h_l \times 3$	$i = i_l \times 3$	$j = j_l \times 3$	前面费用之和 × $(10\% - 25\%)$

三、相关知识点

实验涉及的知识点共 16 个，其中核心知识点 8 个：①创业启动资金预测（核心）；②自有资金数额确定；③外部融资需求额确定（核心）；④国家创新创业支持政策（核心）；⑤债务到期归还与信贷风险；⑥初创期融资方式选择（核心）；⑦融资成本计算；⑧经营期资金需求预算（包含到期债务）（核心）；⑨经营期外部融资额确定；⑩区块链及联盟链；⑪注册联盟链；⑫业务上链；⑬扩大经营规模决策（核心）；⑭成长期融资方式选择；⑮区块链融资（核心）；⑯融资组合方案优化（核心）。

四、核心要素仿真设计

（一）根据学生真实的创业项目，虚拟创业融资推演过程

实验可在《创业基础》课程学习中，将市场调研形成的计划创业项目数据直接代入，通过实验推演创业不同阶段的融资需求和资金融通的渠道及结果，检验现有创业项目是否能够顺利通过孵化期并成长壮大，如图 1.4 所示。

11

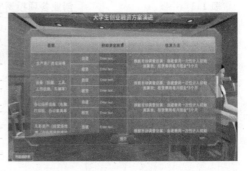

图 1.4　虚拟实验初始值可以来自真实创业计划书

（二）实验环境真实还原

在初创期还原大学生在学校读书的校园环境，融资场所还原政府政务工作大厅、银行、天使投资等工作环境；在成长期还原企业办公场所、运营场所、区块链融资等，如图 1.5、图 1.6 和图 1.7 所示。

图 1.5　仿真银行 VS 真实银行

图 1.6　仿真融资渠道场景 VS 现实场景

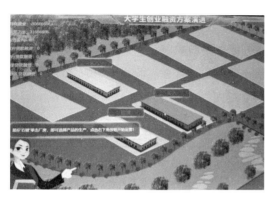

图 1.7　仿真运营环境 VS 现实环境

（三）实验过程真实还原

初创企业资金融通运营流转，参照实际运作过程进行，再现大学生创业过程中的实际业务资金需求、融通、周转及对应的资金流转过程；实验操作流程参照大学生创业过程中的财务分析、资金融通进行仿真，如图 1.8 和图 1.9 所示。

图 1.8　仿真业务上链 VS 现实业务上链

图 1.9　仿真区块链融资 VS 区块链融资

（四）实验结果仿真

实验可对每个学生掌握知识的情况进行实时监测。创业过程的各种收支数据、获得的融资金额及资金周转结果，最终均体现在实验报告中的会计报表等内容里，与真实的财务报表是一致的（见图1.10）。

表1.2　　　　　　　仿真融资结果进入财务报表示例——现金流量表

项目名称	基期	备注	第一年上半年	备注	第一年下半年	第二年上半年	第二年下半年	第三年上半年	第三年下半年
现金流入									
自有资金	766000								
外部融入	250000						4	0	0
主营业务收入			1176000		2200000	2240000	2160000	2160000	2160000
其他收入									
现金流入小计	1016000		1176000		2200000	2240000	2160004	2160000	2160000
现金流出									
建设投资	453000		0		0	0	0	0	
项目前期费用	7500		0		0	0	0	0	
流动资金									
厂房租赁费	0		2500		15000	15000	15000	15000	15000
设备租赁费	0		0		0	0	0	0	0
办公场所及其设施租赁费	0		0		0	0	0	0	0
团队成员（管理人员）工资	0		24000	d1 = d	24000	24000	24000	24000	24000
聘用人员工资	0		0	e1 = e	0	0	0	0	0
生产耗材	0		1620000	f1 = f	1620000	1620000	1620000	1620000	1620000
办公耗用材料	0		6000	g1 = g	6000	6000	6000	6000	6000
研发费用	7500		15000	h1 = h	15000	15000	15000	15000	15000
生产运营支出	0		96000	i1 = i	96000	96000	96000	96000	96000
参展费、广告费等	10000		6000	j1 = j	6000	6000	6000	6000	6000

续表

项目名称	基期	备注	第一年上半年	备注	第一年下半年	第二年上半年	第二年下半年	第三年上半年	第三年下半年
流动运营资金 $k = (a+b+c+d+e+f+g+h+i+j) \times r$	0		70000						
融资利息			0		10500	9000	0	0	7800
本金归还			0		250000	150000	0	0	50000
现金流出小计	478000		1893500		2096500	1995000	1836000	1836000	1893800
净现金流量	538000	$z-a-b-c-w0-h-j$	−717500		103500	245000	324004	324000	266200
累计净现金流量	538000		−179500		−76000	169000	493004	817004	1083204

第二章　实验教学过程和实验步骤

第一节　实验教学过程与实验方法

一、实验教学过程

（一）实验采用虚实结合的教学组织方式

首先，在完成理论学习的基础上，形成计划创业项目，并组建创业小组，进行一定范围的市场调研，然后将数据代入实验项目（没有计划创业项目前期调研数据的，系统将推荐典型创业案例进行实验）。

实验通过引导学生扮演创业者的角色。（1）在初创期，比对分析企业起始资金需求总额和自有资金额，或者下期运营资金预算额，查看比对企业现有现金数额，确定外部融资金额；通过学习了解网贷、高利贷、集资等的不合规性，以及不同融资渠道、融资条件、融资方法等知识，选择合适的融资方式获得创业起始或者运营资金；（2）在成长期，首先查看区块链相关资料，学习区块链知识，考虑创业项目所在供应链的上下供应商，选择适合的联盟链注册上链，然后进行相关业务上链。随后，进行本期运营，并做下期扩大规模的决策，以及资金需求预测和外部融资决策，进而选择融资方式并进行融资体验，可采用区块链融资方式，增加解决创业企业融资难问题的金融科技渠道。根据具体操作内容，系统会给出可获得融资额，实验者可根据获得的融资总额多少以及财务数据分析，判定经营是可以继续还是失败，决定继续实验、退出实验或者重新开始试验。若能够顺利完成六期循环操作，则实验结束。实验后台将记录全部实验结果，老师可根据实验数据给予精准指导和优化，以提升大学生创业融资能力和预算分析能力，达成创业资金融通和顺利周转的培养目标。

　　虚拟仿真实验，相比传统上课形式，教师不再一味地讲解知识，而是将大部分时间交给学生，由学生自己进行实验知识预习、实验操作练习或者进行操作考核，教师只是给予必要指导，对学生进行必要的基础知识讲授和基本操作方法培训，由学生独立完成虚拟仿真实验，而针对实验中存在的问题，则由教师及时答疑。在这一过程中，教师的工作包括：（1）实验前的引导；（2）实验过程中的指导；（3）辅导答疑；（4）评定学生生成的实验报告，并给出创业指导建议。具体教学组织过程如图2.1所示。

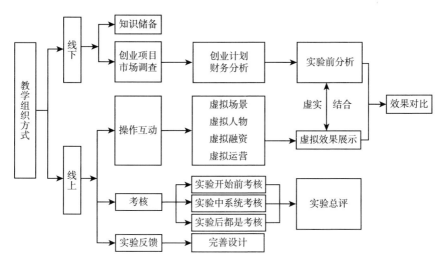

图2.1　大学生创业融资方案演进教学组织方式

　　学生的任务包括线下和线上两部分：

　　一是线下部分：需要进行知识储备和创业项目市场调研，进行实验前的创业计划财务分析。教师在线上和线下对学生的实验进行指导、评价和答疑。具体而言，学生在线下需要完成以下学习任务：（1）根据实验要求进行相关理论知识的学习，熟悉国家创新创业的各种优惠政策、创业融资方式、融资类型、融资渠道、会计相关名词、会计报表的相关项目名称、内容、范围、现金流等相关知识；（2）预习课程资料；（3）阅读实验指导书，了解虚拟仿真系统的使用方法和步骤；（4）探讨并记录问题。

　　二是线上部分：学生可以在系统里进行虚拟仿真实验，完成线上内容的预习、练习和复习。学生在线上需要完成的具体内容包括4个方面。（1）线上实验预约。预约后，回答实验相关问题，由系统自动评定答案是否正确。正确率达到60%，则实验预约成功；若实验预约不成功，则重复上述实验准备工作。（2）预约成功后，进行具体仿真实验操作，由平台自动记录操作流程，系统自动记录和核算数据，并进入相应的会计报表，用以评估融资方案的优劣、现金持有情况等，以判定下一步运营是否能够继续进行等；（3）操作结束后，形成包括创业过程中各期会计报表数据在内的实验报告，针对操作过程及实验报告数据，分别进行系统评定（占90%）及教师评定（占10%），再将各项评定结果进行加权平均，形成最终实验成绩。（4）拓展环节设置。针对现实企业在经营过程中经常遇到的一些突发事件，设置了应急事件部分，作为实验的附加实验内容供学生选做。这部分的难度加大，可培养学生深入分析问题、处理应急事件的能力。

实验通过将真实情境下创业财务数据、创业融资、创业投资运营等一系列问题虚拟化，将创业融资实验流程制作成交互的教学程序及教学动画，便于学生在高度仿真的环境下进行反复多次的实验操作，从而弥补真实创业难以开展的不足。在实验教学中，针对不同创业类型的创业项目，突显其融资范式设计的科学性和差异性。实验项目教学流程强化重要知识点，使学生在熟练掌握实验操作的同时，提高创业投融资技能。

这是学生在创业情境中学习知识与实践体验的交互过程，各环节实验通过"任务驱动""自主学习""互动探究"等教学手段，往复交错进行。具体实验方法实施举例如下：

举例：初始资金需求预测和融通

任务驱动：通过对各种"双创"激励政策、优惠政策的介绍，以及各种可选择融资渠道的高度仿真虚拟场景，针对初创企业资金预测表中的任务，驱动学生根据市场需求进行初始资金需求预测，并进一步引导学生进入融资角色，根据融资需求，进入多种融资机构完成融资任务。

自主学习：一方面，初创资金需求的范畴远远高于学生的认知范围，有许多创业资金耗费项目，学生很难预测到，这也是初创者大都存在资金短缺的原因；另一方面，通常学生对国家近几年出台的一系列"双创"激励政策了解较少，通过实验，学生可以了解各地相关"双创"政策的咨询获得渠道，以便充分利用相应的可以缓解创业资金融通压力的政策。

互动探究：学生通过人机交互，将自己的预创业数据、融资参数等输入实验系统，实验系统后台根据条件判定是否给予政策支持、资金支持以及具体的融资金额，学生可以充分体验创业项目现实融资结果。在学生尝试做出决策之后，由系统后台自动判断，正确时给出结果，错误时给出提示，以纠正错误判断、强化正确思路，使学生能够充分了解自己在实验中所做决策及产生的结果。

（二）教学过程的创新及其良好效果

传统实验教学通常理论与实验分离，理论的学习在传统课堂完成，实验部分则是进入实验室操作，这种模式往往造成很多学生实验操作时忘记之前的理论，不知如何操作，教师需要不断给学生再次讲解。而虚拟仿真实验，学生只需要简单了解计算机的操作方法就可以进行。虚拟仿真实验采用交互性操作，所有需要掌握的知识点都在点击问答或虚拟动画展示中呈现，学生通过轻松点击操作中就能掌握大量传统课堂上教师反复强调的知识点，变被动接收为主动获取。

由于涉及的创业投融资业务特殊，校内实验很难开展，学生可进行实验前的市场调查数据和预期运营结果分析，但无法进行整个创业实验。而虚拟仿真实验从实验前的创业数据市场数据调查、创业服务或者产品分析，到融资方案设计与融资渠道选择，以及融资后的创业运营，均由学生自己操作完成，学生可以全程感受实验的操作流程，带来极强的体验感，如表 2.1 所示。

表 2.1　　　　　　　　传统实验教学和虚拟实验教学对比

教学对比	传统理论及实践教学	虚拟仿真实验教学
教学方法	讲解、演示、讨论	任务驱动、自主学习、互动探究
教学效果	以教师讲授为主，学生学习方式被动；因学生较多，考核以考试成绩为主，过程考核体现不均衡	完全以学生为中心，教师指导，学习方式变被动为主动，学习积极性高；考核系统化，充分体现实验过程
实践方式	在指定教室进行	任何时间、地点均可进行
实践效果	传统实验课必须在固定的实验室进行，学生进行试验的时间地点受限制	虚拟仿真实验教学，学生只要有手提电脑便能随时随地、全程参与实验，参与率高，体验感强

二、实验方法

实验采用自主设计、比较分析、控制变量、因素分析等实验方法，采用虚实结合的教学组织形式，基于三维仿真技术制作的各种虚拟环境和具有代入感的操作过程，有效地突破了线下实验的诸多限制，使学生深刻理解创业过程中的财务分析、融资管理及其注意事项，直观学习创业资金需求、财务分析、财务报表数据形成、融资投资等实验流程、实验参数设置及数据的处理等知识点，提高针对创业的融资和资金周转技能（见图2.2）。

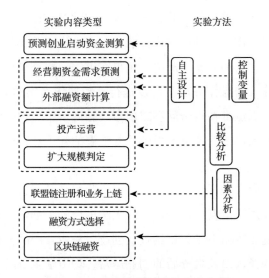

图2.2　实验内容与对应的实验方法

（一）自主设计法

运用场景有预测创业启动资金、投产运营、投产运营及扩大规模判定等模块，需要学生思考创业现实目的，主动设计企业运营思路，充分发挥学生能动作用。

（二）控制变量法

运用场景有融资方式的选择和区块链融资，需要学生分析资金需求，考虑资金获得渠道，确定资金使用去向、规模等问题，引导学生充分认识并学会灵活运用政府补助、贷款、天使投资、合伙人出资等多种融资方式。

（三）因素分析

应用场景是联盟链注册和业务上链，需要学生跟随实验内容引导，观察联盟链的注册流程和业务上链过程，从而加深对区块链融资方法的理解。

（四）对比分析法

应用场景有投产运营和扩大规模判定，学生通过对比分析不同阶段的资金留存和企业的运营情况，寻找相同点和不同点来判断是否进行新的投产以及是否进一步扩大规模，从而培养学生客观分析问题的能力。

综上所述，实验通过科学的教学组织与精准的教学内容设计，教师在实验辅导过程中获益，学生的创业资金融通和资金周转能力得到提升，开阔了创业融资渠道视野，开拓了思维方式，锻炼了创业技能。

第二节　实验步骤和考核标准

一、学生交互性操作步骤（共 20 步）

操作步骤是指反映实质性实验交互的步骤，系统加载之类的步骤不计算在内。学生交互性实验操作步骤共 20 步，具体如表 2.2 所示。

表 2.2　　　　　　　　学生实质性实验交互性操作步骤（共 20 步）

步骤序号	步骤目标要求	步骤合理用时	目标达成度赋分模型	步骤满分	成绩类型
1	内容全面、信息输入合理、计算正确	6	n1：合理正确，得 4 分； n2：基本合理、计算正确，得 1~3 分； n3：不合理或者不正确，得 0 分	4	☑ 操作成绩 □ 实验报告 □ 预习成绩 □ 教师评价报告
2	计算正确	4	n1：正确，得 2 分； n2：基本正确，得 1 分； n3：不正确，得 0 分	2	☑ 操作成绩 □ 实验报告 □ 预习成绩 □ 教师评价报告

步骤序号	步骤目标要求	步骤合理用时	目标达成度赋分模型	步骤满分	成绩类型
3	各种融资渠道选择＋各种相关信息输入	16	n1：选择并正确输入，得2分； n2：选择但未正确输入，得1分； n3：错误输入，得0分； n4：足额融到资金，得满分； n5：不能获得全部资金需求额但可以获得80%以上的，每减少10%扣1分	8	☑操作成绩 ☐实验报告 ☐预习成绩 ☐教师评价报告
4	各种数据录入合理	6	n1：合理，得1分； n2：不合理，得0分	1	☑操作成绩 ☐实验报告 ☐预习成绩 ☐教师评价报告
5	各种数据录入合理	3	n1：合理，得2分； n2：基本合理，得1分； n3：不合理，得0分	2	☑操作成绩 ☐实验报告 ☐预习成绩 ☐教师评价报告
6	计算正确	2	n1：正确，得1分； n2：不正确，得0分	1	☑操作成绩 ☐实验报告 ☐预习成绩 ☐教师评价报告
7	各种融资渠道选择＋各种相关信息输入	9	n1：每个步骤选择并正确输入，得2分； n2：每个步骤选择但未正确输入，得1分； n3：足额融到资金，得满分； n4：不能获得全部资金需求额但可以获得80%以上的，每减少10%扣1分	6	☑操作成绩 ☐实验报告 ☐预习成绩 ☐教师评价报告
8	运营顺利、资金周转顺利、现金流顺畅	25	n1：现金流顺畅、盈利，得3分； n2：现金流基本顺畅盈亏平衡，得2分； n3：资金周转受限、运营亏损，得1分； n4：资金无法周转、运营破产，得0分	15	☑操作成绩 ☐实验报告 ☐预习成绩 ☐教师评价报告
9	注册成功	5	n1：成功上链，得3分； n2：未成功上链，得0分	3	☑操作成绩 ☐实验报告 ☐预习成绩 ☐教师评价报告

步骤序号	步骤目标要求	步骤合理用时	目标达成度赋分模型	步骤满分	成绩类型
10	业务成功上链	4	n1：成功上链，得3分； n2：未成功上链，得0分	3	☑ 操作成绩 ☐ 实验报告 ☐ 预习成绩 ☐ 教师评价报告
11	正确判定、现金流顺畅	6	n1：判定正确、现金流顺畅，得4分； n2：判定基本正确、现金流基本顺畅，得2分； n3：判定错误，得0分	4	☑ 操作成绩 ☐ 实验报告 ☐ 预习成绩 ☐ 教师评价报告
12	各方面资金需求考虑周全，尤其是到期债务及利息，计算正确	3	n1：全面并计算正确，得4分； n2：基本全面，计算正确，得2分； n3：有重大遗漏但计算正确，得1分； n4：有重大遗漏且计算错误，得0分	4	☑ 操作成绩 ☐ 实验报告 ☐ 预习成绩 ☐ 教师评价报告
13	计算正确	2	n1：计算正确，得1分； n2：计算错误，得0分	1	☑ 操作成绩 ☐ 实验报告 ☐ 预习成绩 ☐ 教师评价报告
14	操作正确	12	n1：每个步骤操作正确并获得融资，得2分； n2：每个步骤操作正确但未获得融资，得1分； n3：操作错误，得0分； n4：足额融到资金，得满分； n5：不能获得全部资金需求额，但可以获得80%以上的，每减少10%扣1分	8	☑ 操作成绩 ☐ 实验报告 ☐ 预习成绩 ☐ 教师评价报告
15	运营顺利	4	n1：运营顺利，得1分； n2：运营失败，得0分	1	☑ 操作成绩 ☐ 实验报告 ☐ 预习成绩 ☐ 教师评价报告
16	计算正确	3	n1：计算正确，得2分； n2：计算错误，得0分	2	☑ 操作成绩 ☐ 实验报告 ☐ 预习成绩 ☐ 教师评价报告

步骤序号	步骤目标要求	步骤合理用时	目标达成度赋分模型	步骤满分	成绩类型
17	计算正确	2	n1：计算正确，得1分； n2：计算错误，得0分	1	☑ 操作成绩 ☐ 实验报告 ☐ 预习成绩 ☐ 教师评价报告
18	设计合理	6	n1：设计合理并获得融资，得4分； n2：设计合理但未获得融资，得1~3分； n3：设计不合理，得0分； n4：足额融到资金，得满分； n5：不能获得全部资金需求额但可以获得80%以上的，每减少10%扣1分	4	☑ 操作成绩 ☐ 实验报告 ☐ 预习成绩 ☐ 教师评价报告
19	（本步骤包含选做附加分数20分），运营顺利、计算正确、预算正确、设计合理	24	n1：运营顺利，得1分； n2：运营失败，得0分； n1：计算正确，得5分； n2：计算错误，得0分； n1：预算正确，得5分； n2：预算错误，得0分； n1：设计合理，得5分； n2：设计不合理，得0分； n3：足额融到资金，得满分； n4：不能获得全部资金需求额的但可以获得80%以上的，每减少10%扣1分	21	☑ 操作成绩 ☐ 实验报告 ☐ 预习成绩 ☐ 教师评价报告
20	资金周转顺畅、运营顺利	18	n1：资金周转顺畅、实现盈利，得3分； n2：资金周转顺畅、盈亏平衡，得2分； n3：资金周转基本顺畅、运营亏损，得1分； n4：资金周转受限、运营破产，得0分	9	☑ 操作成绩 ☐ 实验报告 ☐ 预习成绩 ☐ 教师评价报告

二、整体实验流程及考核标准

整个实验方法框架分为创业前启动期、初创期和成长期三个阶段，共两大部分：实验准备（第一部分），以及开启自己的创业之路（第二部分）。20个实质性操作步骤在第二部分。实验的整体流程和考核标准分别见图2.3和图2.4。

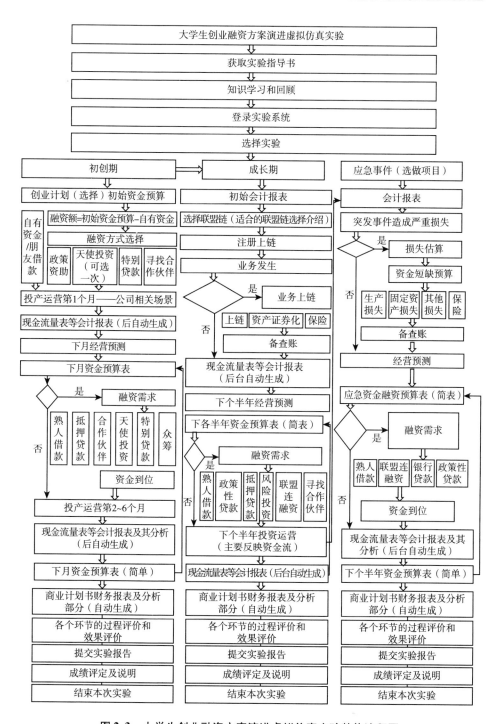

图2.3 大学生创业融资方案演进虚拟仿真实验整体流程图

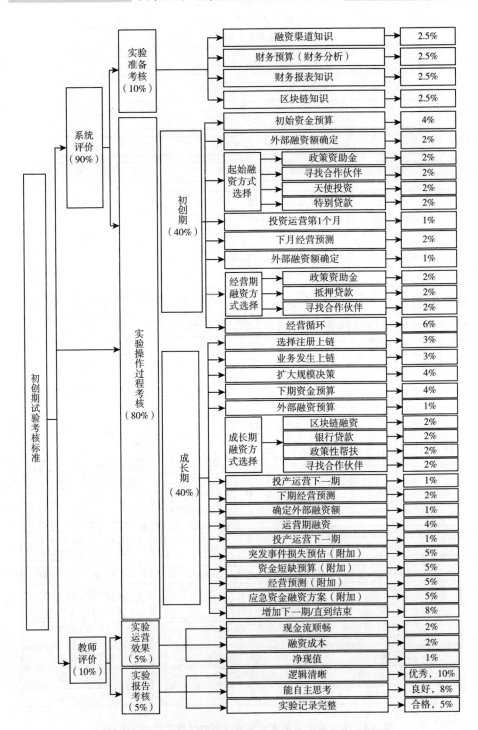

图 2.4 大学生创业融资方案演进虚拟仿真实验考核标准

第三章 实验特色和网络要求

第一节 实验面向学生的要求和实验特色

一、实验面向学生的要求

（一）专业与年级要求

实验教学项目面向全校开设《创业基础》通识必修课的本科学生，开设《财务管理》课程的金融学、会计学、工商管理专业的学生，学生在大学一年级、二年级或三年级时在必修课开设该实验。

（二）基本知识和能力要求

对于参加本实验教学项目的学生，要求其已经较系统地学习了《创业基础》前七章的内容，了解和掌握了创业思维、自我认知与有价值的想法的产生、创业团队、创业机会、设计思维、创意方案、用户测试、商业模式等章节的基本内容、原理与方法，有了一定的创意思考和创业想法，并对创业计划书有了一定的了解，初步了解创业的基本知识，并熟悉企业运营业务流程。

二、实验教学特色

（一）实验内容的高阶性和创新性

1. 思政"双创"政策融入

把思政内容和国家的"双创"政策等内容与实验涉及的知识点融合在一起，培养学生的"双创"精神、诚信和责任担当意识。

2. 自有项目数据代入

可将自有计划创业项目的调研数据代入实验，测试项目现金流及可行性。

3. 区块链前沿知识嵌入

将区块链技术和知识作为实验的内容之一，为学生提供最新的利好政策和融资科技，激发大学生的创业热情。

4. 多门课程协同并入

通过《创业基础》《基础会计》《金融学》《财务管理》等多门课程知识，解决创业过程中的融资和资金周转问题。

（二）虚实结合、任务驱动、学生为中心

1. 线上线下、虚实结合的教学组织方式

教师通过线下布置任务、线上指导和实验后的孵化辅导，帮助学生完成实验并促进创业实践。

2. 任务驱动、自主学习的实验教学过程

通过资金需求预测、资金融通、资金收支、区块链上链融资等任务，让学生主动学习创业实践相关知识。

3. 人机互动、个性化探究的实验过程

通过人机交互探究自有创业项目的可能结果或者给定项目的多种可能结果。

（三）自主设计的实验方法

采用自主设计、比较分析、控制变量、因素分析等实验方法，培养学生的综合分析能力和高阶思维方式。

（四）综合过程和结果的全面评价体系

1. 系统评定和教师评定相结合

系统评定是对学生试验操作过程和知识点的考核；教师评定是针对学生实验报告进行评定。

2. 过程评价和结果评价相结合

实验对预习考核、实验结果及报告质量等进行多维度评价。

3. 纠错、反馈、反思三位一体

实验操作错误时，系统将自动提示，及时纠错。

本实验教学特色如图3.1所示。

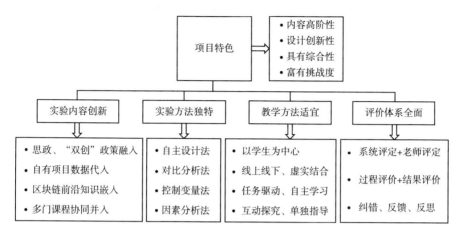

图 3.1　实验教学特色

总之，课程最突出的特色是通过虚实结合的方式，将思政、"双创"政策融入，自有项目数据代入，区块链技术嵌入和多门课程协同并入，为学生提供线下调研，线上推演的实验机会，有效解决创业投资耗费大、不可逆、会计数据机密等多项线下难以进行实验的难题，将理论教学、线下调研和实验教学协同优化。

第二节　实验教学在线支持服务与网络要求

一、实验教学在线支持服务

1. 教学指导资源

□ 教学指导书　☑ 教学视频　☑ 电子教材　□ 课程教案（申报系统上传）　□ 课件（演示文稿）　□ 其他

2. 实验指导资源

☑ 实验指导书　☑ 操作视频　□ 知识点课件库　☑ 习题库　□ 测试卷　□ 考试系统　☑ 其他

3. 在线教学支持方式

☑ 热线电话　☑ 实验系统即时通信工具　□ 论坛　☑ 支持与服务群
☑ 其他

4. 人员支持

10 名提供在线教学服务的团队成员，3 名提供在线技术支持的技术人员；教学团队保证工作日期间提供 4 小时/日的在线服务。

二、实验教学相关网络及安全要求描述

（一）网络条件要求

1. 客户端到服务器的带宽要求（需提供测试带宽服务）

5Mbps 及以上。

2. 能够支持的同时在线人数（需提供在线排队提示服务）

支持 200 人同时进行实验，如果超过该人数则提示排队和等待时间（见图 3.2）。

图 3.2　实验在线排队人数显示界面

（二）用户操作系统要求（如 Windows、Unix、ios、Android 等）

1. 计算机操作系统和版本要求

Windows 7 及以上，系统类型为 64 位；Mac OS 10 及以上；Linux 桌面版并且浏览器支持 WebGL；ios 部分功能支持；Android 部分功能支持。

2. 其他计算终端操作系统和版本要求

无。

3. 支持移动端

□ 是　☑ 否

（三）用户非操作系统软件配置要求（兼容至少 2 种及以上主流浏览器）

1. 非操作系统软件要求（支持 2 种及以上主流浏览器）

☑ 谷歌浏览器　□ IE 浏览器　□ 360 浏览器　☑ 火狐浏览器　□ 其他

2. 需要特定插件

□ 是　☑ 否

实验网站链接：http：//121.196.15.100/page2020/financing/index.html（实验空间——国家虚拟仿真实验教学项目共享服务平台）。

备用网址：http：//211.64.247.96/（临沂大学）。

3. 其他计算终端非操作系统软件配置要求（需要说明是否可提供相关软件下载服务）

无。

（四）用户硬件配置要求（如主频、内存、显存、存储容量等）

1. 计算机硬件配置要求

操作系统：64 位；CPU 主频：2.40GHz；内存容量：8GB；磁盘容量：128GB；显存 2GB。

2. 其他计算终端硬件配置要求

□ 有　☑ 无

第二部分
创业融资理论基础

第四章　投资决策理论基础

第一节　货币时间价值

> **引例：**
>
> 1. 如果将 100 万元投资于报酬率是 10% 的一个项目，连续投资，大约经过多少年才能使 100 万元增加 1 倍？
>
> 2. 保险是如何计算的？
>
> 3. 退休金是如何计算的？
>
> 4. 等额房贷还款是如何计算的？

在日常生活中，人们往往会发现今天一定金额的货币在经过一定时间后，其价值数额并不相同，后者一般小于前者，除去通货膨胀因素外，最重要的是"时间"这个因素的影响作用。货币将随着时间的延续，按几何级数的方式不断增长，从而使货币具有了时间价值。

一、货币时间价值（time valve of money）的概念

从绝对数角度看，在没有风险和通货膨胀的情况下，货币经过一定时间的投资与再投资后，所增加的价值。

从相对数角度看：货币时间价值是在没有风险和没有通货膨胀条件下的社会平均资本利润率，即纯利率。

在实际工作中，没有通货膨胀条件下的政府债券利率。

西方学界认为，货币时间价值是在没有风险和通货膨胀的情况下，由于放

弃现在使用货币的机会所得到的、按放弃时间长短计算的报酬。

二、货币时间价值的特点

货币时间价值有以下特点：

货币时间价值的形式是价值增值；货币时间价值产生于资金运动过程；货币时间价值大小的影响因素有高于社会平均资本利润率的收益率、增值的时间、复利等。

三、货币时间价值的计算

需要了解利息的两种计算方式：单利和复利。

（一）单利计息及终值计算

单利计息是指，在规定期限内，仅就本金计算利息的一种计息方法。其利息计算式为：$I = P \times i \times n$；终值计算式为：$F = P + P \times i \times n = P \times (1 + ni)$。

（二）复利终值和现值

复利计息是指，在规定期限内，既对本金计算利息，也对前期的利息计算利息的一种计息方法，俗称"利滚利"。货币时间价值计算采用复利方式。

（三）货币时间价值内容构成

终值（F）：又称将来值（future value），是现在一定量现金在未来某一时点上的价值，俗称本利和。

现值（P）：又称本金（present value），是未来某一时点上一定量现金折合为现在的价值，如图 4.1 所示。

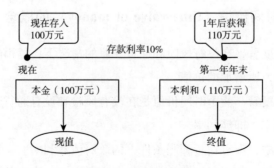

图 4.1　终值与现值

1. 复利终值（已知 P，求 F）

复利终值计算公式：

$$F = P \times (1 + i)^n$$

其中，F 为终值，P 为现值，i 为年利率，n 为计息期数。$(1 + i)^n$ 为复利终值系数或 1 元的复利终值，用符号（F/P, i, n）表示（具体数值可查复利终值系数表）如图 4.2 所示。

图 4.2　复利终值示意图

例：如果现在存入人民币 150000 元，打算 5 年后购置房屋，5 年期复利率 6%，5 年后该账户中的金额为多少？

解：$F = P \times (1 + i)^n = 150000 \times 1.338 = 200700$（元）。

2. 复利现值（已知 F，求 P）

复利现值计算公式：

$$P = F / (1 + i)^n = F \times (1 + i)^{-n}$$

其中，$(1 + i)^{-n}$ 为复利现值系数，用符号（P/F, i, n）表示（具体数值可查复利现值系数表）。

例：你预测三年后能顺利考上北京大学会计学研究生，届时需要一笔学费，预计为 3 万元。你的父母现在准备存一笔钱，以备你日后上研究生之需。按存款利率 4% 估计，现在需要存入多少钱？

解：$P = F \times (1 + i)^{-n} = 30000 \times 0.889 = 26670$（元）。

思考：换钱游戏

我每天给你 10 万元，给 1 个月；你每天给我 1 分钱、2 分钱、4 分钱，以此类推，给 1 个月。换不换？

第二节 年 金

一、年金的概念

年金是指在一定期间内，每隔相同的时间，连续发生数额相等的系列收付款。年金要同时满足两个条件：一是时间间隔相等，有连续性，即每间隔一段时间必须要有收付款的业务发生，形成系列，不能中断；二是等额性，即发生的收付款数额必须相等，否则就不是年金，只能用复利的方法来解决。

在现实生活中，有许多涉及年金的问题，如养老金、保险金、租金、零存整取或整存整取储蓄中的零存数或零取数等。

二、年金的种类

根据收付款时间点的不同，可以将年金细分为普通年金、即付年金、递延年金和永续年金等四种。

（一）普通年金（ordinary annuity）

普通年金是指在每期期末发生等额款项的收付，也称后付年金。这是日常生活中最为常见的一种年金形式。

1. 普通年金终值

普通年金终值（资本年回收额）是一定时期内，各期等额系列收付款按复利计算的最终本利和，用 F 表示，如图 4.3 所示。

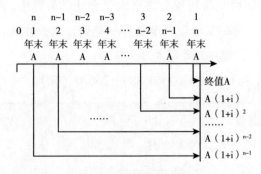

图 4.3 普通年金终值

$$F = A + A(1+i) + A(1+i)^2 + \cdots + A(1+i)^{n-3} + A(1+i)^{n-2} + A(1+i)^{n-1}$$

式两边同时乘以（$1+i$），便得：

$$F(1+i) = A(1+i) + A(1+i)^2 + A(1+i)^3 + \cdots + A(1+i)^n$$

上述两式相减，得 $i \times F = A(1+i)^n - A$，则：

$$F = A\frac{(1+i)^n - 1}{I}$$

$$= A(F/A, i, n)$$

式中，$[(1+I)^n - 1]/I$ 称作普通年金终值系数，用（F/A，i，n）表示。

例：如果从今年起，每年年末存入1000元，年利率为10%，那么10年之后可以取得多少资金？

解：$F = A(F/A, i, n)$

　　　$= 1000 \times (F/A, 10\%, 10)$

　　　$= 1000 \times 15.937$

　　　$= 15937$（元）

例：已知某企业连续10年于每年末存款10000元，年复利率为10%。计算该企业第10年末可一次取出本利和多少？

解：依题意，这是个已知年金 A，求年金终值 F_A 的问题。

$\because A = 10000$，$n = 10$，$i = 10\%$

$\therefore F_A = 10000 \times (F_A/A, 10\%, 10)$

　　　　$= 10000 \times 15.9374 = 159374$（元）

2. 普通年金现值

普通年金的现值，又称偿债基金（sinking fund），是指一定时期内，各期内各期末等额收付款的现值之和，用 $P(A)$ 表示，如图4.4所示。

$$P = A \times \frac{1}{(1+i)} + A \times \frac{1}{(1+i)^2} + \cdots + A \times \frac{1}{(1+i)^{n-1}} + A \times \frac{1}{(1+i)^n}$$

等式两边同时乘以（$1+i$），则：

$$P \times (1+i) = A + A \times \frac{1}{(1+i)} + A \times \frac{1}{(1+i)^2} + \cdots + A \times \frac{1}{(1+i)^{n-2}} + A \times \frac{1}{(1+i)^{n-1}}$$

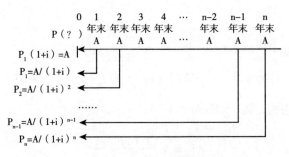

图 4.4　普通年金现值

两式相减得到：

$$P \times (1+i) - p = A - A \times \frac{1}{(1+i)^n}$$

$$P \times i = A \times \left[1 - \frac{1}{(1+i)^n} \right]$$

$$P = A \times \frac{1 - (1+i)^{-n}}{i}$$

式中，$[1 - (1+i)^{-n}]/i$ 为普通年金现值系数，用（P/A，i，n）表示。

根据普通年金终值计算公式 $F = A \times \dfrac{(1+i)^n - 1}{i} = A \times (F/A, i, n)$，

变形可得偿债基金系数公式：

$$A = F \times \frac{i}{(1+i)^n - 1} = \frac{F}{(F/A, i, n)}$$

其中，（A/F，i，n）为偿债基金系数，即普通年金终值系数的倒数。

根据普通年金现值计算公式 $P = A \times \dfrac{1 - (1+i)^{-n}}{i}$，

变形可得投资回收系数公式：

$$A = P \times \frac{i}{1 - (1+i)^{-n}}$$

其中，（A/P，i，n）为投资回收系数，即普通年金现值系数的倒数。

例：你的一位朋友出国 3 年，请你代付房租，每年租金 1000 元。假设银行存款利率为 10%，他现在应当在你的银行卡里存多少钱？

解：P = 1000(P/A, I, n)

　　= 1000(P/A, 10%, 3)

　　= 1000 × 2.49

　　= 2490（元）

例： 某投资者以 10% 的贷款利率借得 20000 元，投资于某个为期 10 年的建设项目，每年需要回收多少现金才有利？

解：P = A(P/A, I, n)

20000 = A(P/A, 10%, 10)

A = 20000/6.14

　= 3257（元）

例： 某企业在 5 年内每年末需要一笔资金 12000 元。当银行存款利率为 4% 时，问现在要一次性向银行存入多少钱？

解：P = A(P/A, i, n) = 12000(P/A, 4, 5)

查表可知年金现值系数为 4.452，则：

P = 12000 × 4.452 = 53424（元）

例： 某公司现在拟出资 100 万元投资某项目，项目投资回报率预计为 10%，该公司拟在 3 年内收回投资，请问每年至少要收回多少钱？

解：$A = \dfrac{P}{(P/A, i, n)} = \dfrac{100}{(P/A, 10\%, 3)} = 40.21$（万元）

例： 某企业租入一台设备，每年年末需支付租金 120 元，年利率为 10%，租期 5 年，问现在应存入银行多少钱？

解：P = A(P/A, i, n)

　　= 120(P/A, 10%, 5)

（二）即付年金（prepaid annuity）

即付年金又称预付年金、先付年金，是指每期期初发生的年金。它与普通年金的区别在于其发生较普通年金提前了一期。

1. 即付年金的终值

即付年金的终值是指一定时期内，每期期初收付款项的复利终值之和，如图 4.5 和图 4.6 所示。

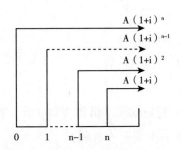

图 4.5　即付年金终值示意图之一

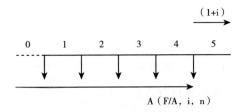

图 4.6　即付年金终值示意图之二

（1）方法一：利用期数加 1，系数减 1。

$$F = A(1+i) + A(1+i)^2 + \cdots + A(1+i)^{n-1} + A(1+i)^n$$

普通年金的终值式：

$$F = A + A(1+i) + A(1+i)^2 + \cdots + A(1+i)^{n-3} + A(1+i)^{n-2} + A(1+i)^{n-1}$$

$$F = A(1+i) + A(1+i)^2 + \cdots + A(1+i)^{n-1} + A(1+i)^n$$

$$= A(1+i)\left[1 + (1+i)^1 + \cdots + (1+i)^{n-3} + (1+i)^{n-2} + (1+i)^{n-1}\right]$$

对比可以发现，它比普通年金的终值多了一个第一期期初支付的年金的终值，而少了一个第 n 期期末支付的年金数。

$$F = A\left\{\left[(1+i)^{n+1} - 1\right]/i - 1\right\}$$

该公式即为即付年金终值的计算公式。式中，$\left[(1+i)^{n+1} - 1\right]/i - 1$ 为即付年金终值系数。与普通年金终值系数相比可以发现，期数加 1，系数减 1。所以，同样可以利用普通年金终值系数表，查 $n + 1$ 期的数值，而后减 1，即可得到即付年金的终值系数。

$$F = A\left[(F/A, i, n+1) - 1\right]$$

（2）方法二：利用同期普通年金的终值公式再乘以（1＋i）。

预付年金的终值计算公式为：

$$F = A(F/A,i,n)(1+i)$$

例：为给儿子准备上大学的资金，6年来，王先生每年年初在银行存入3000元，银行存款利率5%，请问王先生在第6年年末能一次取出本金和利息多少？

解：$F = A[(F/A,i,n+1) - 1]$
$= 3000 \times [(F/A,5\%,7) - 1]$
$= 3000 \times (8.1420 - 1)$
$= 21426（元）$

2. 即付年金的现值

即付年金现值是指一定时期内，每期期初收付款项的复利现值之和，有两种计算方法。

（1）方法一：利用同期普通年金的现值公式，再乘以（1＋i）计算，如图4.7所示。

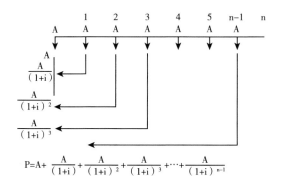

图 4.7　即付年金现值示意图之一

$$P = A + \frac{A}{(1+i)} + \frac{A}{(1+i)^2} + \frac{A}{(1+i)^3} + \cdots + \frac{A}{(1+i)^{n-1}}$$

右边乘以 $(1+i) \times \frac{1}{(1+i)}$，得：

$$P = (1+i)\left[\frac{A}{(1+i)} + \frac{A}{(1+i)^2} + \frac{A}{(1+i)^3} + \cdots + \frac{A}{(1+i)^n}\right]$$

$$P = A \times \frac{1 - (1 + i)^{-n}}{i} \times (1 + i)$$

$$P = A(P/A, i, n)(1 + i)$$

（2）方法二：利用期数减 1，系数加 1 的方法计算，如图 4.8 所示。

即付年金现值公式如下：

$$P = A(P/A, i, n - 1) + A = A[(P/A, i, n - 1) + 1]$$

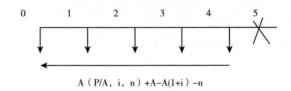

A（P/A, i, n）+A-A(1+i) -n

图 4.8 即付年金现值示意图之二

$$A(P/A, i, n) + A - A(1 + i) - n$$
$$= A[1 - (1 + i) - n(n - 1)]/i + 1$$
$$= A(P/A, i, n - 1) + A$$

即付年金现值 $P = A[(P/A, i, n - 1) + 1]$

例：张先生采用 10 年分期付款的方式购入一套商品房，每年年初付款 15000 元。若银行利率为 6%，该分期付款相当于一次性现金支付的购买价是多少？

解：$P = A[(P/A, i, n - 1) + 1]$
$= 15000 \times [(P/A, 6\%, 9) + 1]$
$= 15000 \times (6.8017 + 1)$
$= 117025.50$（元）

（三）递延年金（deferred annuity）

递延年金，也称延期年金，是指第一次收付款项发生时间不在第一期末，而是隔若干期后才开始发生的系列等额收付款项。它是普通年金的特殊形式。

递延年金现值在前 m 期没有发生收付时，后 n 期的普通年金贴现到 m 期的第一期期初的现值。所以，其计算公式为：

$$P = A[(P/A, i, m + n) - (P/A, i, m)]$$

如图 4.9 所示：

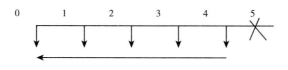

图4.9 递延年金现值示意图

也可以先计算出递延年金在 n 期的第一期期初的现值，再将它作为终值乘以 $(1+i)^{-m}$，贴现至 m 期的第一期期初，就是递延年金现值，即 $P = A(P/A, i, n)(1+i)^{-m}$。

例：有一种保险单要求现在一次性支付保险费，第16年至第20年每年年初可领取保险金1200元，当你心目中的利率为8%时，你应支付多少保险费去购买该保险？

解：$P = 1200[(P/A, 8\%, 19) - (P/A, 8\%, 14)]$

$\quad\quad = 1200 (9.604 - 8.244)$

$\quad\quad = 1632 （元）$

即应该支付1632元。

或 $P = 1200(P/A, 8\%, 5)(1 + 8\%)^{-14}$

$\quad\quad = 1200 \times 3.993 \times 0.34$

$\quad\quad = 1629.144 （元）$

即应该支付1629.14元。

递延年金终值的计算与普通年金终值相同，请参阅普通年金，这里不再重复。

（四）永续年金（perpetual annuity）

永续年金，也称永久年金或无限期年金，是指无限期的等额系列收付款的年金，可视为普通年金的特殊形式。永续年金也就是当期限 n→∞ 时的普通年金。当然，真正无限期支付状况的永续年金是不存在的，相对期限长、利率高的年金现值可以按永续年金现值公式计算其近似值。例如，存本取息的利息，无期限附息债券的利息。

在普通年金现值公式中，$P = A[1 - (1+i)^{-n}]/i$，当 n→∞ 时，其年金现值系数 $(1+i)^{-n} = 0$，因此永续年金现值的计算公式为：$P = A \times 1/i = A/i$，其永续年金的利率公式为 $i = A/P$。

例：某学校欲设立一项奖学金基金，以便在之后的年度里每年末可以提取奖学金 6 万元，作为全校学生的年度奖励。当年利率为 5% 时，该基金现在应该一次性存入多少钱？

解：P = A/i = 60000/5% = 120（万元）

即现在应该一次性存款 120 万元。

例：某市有一工厂欲与外商合资办一家饮料厂，合资双方各投资 200 万元，建设期为一年，投产后，每年的销售额为 1000 万元，利润率为 20%。外商提出投产后的前 5 年利润归外商，5 年后这个厂全部归中方，而外商则放弃全部权益。厂方决策者认为，这是外商的让步，欣然签约。假设年销售额、价格、成本等因素都不变，且年率为 15%，请用数字说明该合资项目的可行性。

解：首先计算 5 年里产生的利润的现值：

外商投资净现值 = 1000 × 20% ×（P/A，15%，6）– 1000 × 20% ×（P/A，
　　　　　　　15%，1）– 200

　　　　　　　= 1000 × 20% × 3.784 – 1000 × 20% × 0.87 – 200

　　　　　　　= 382.8（元）

中方投资净现值 = 1000 × 20% ÷ 15% ×（P/F，15%，7）– 200

　　　　　　　= 1000 × 20% ÷ 15% × 0.376 – 200

　　　　　　　= 301.33（元）

中方投资净现值计算结果大于零，所以该合资项目可行。

注：题目中未标明项目期限，所以按照项目一直持续计算。

第三节　现金流与决策方法

一、现金流量

（一）现金流量的概念和属性

1. 现金流量的概念

现金流量是指在长期投资决策中，由于投资项目而引起的现金收入或者支出的数量。它是以收付实现制为基础，以广义现金概念为基础。

这里的现金既包括了货币资金，也包括了与该项目有关的固定资产等非货币资源的变现价值。在长期投资决策中，现金流量包括了长期投资方案从设计、建设、投产和项目终了整个期间内所形成的所有现金流量。

2. 现金流量的属性

现金流量具有一定的客观性。在计算利润时，会受到所采用的存货计价、成本费用的分摊、折旧等方法的影响。很显然，这些都可以采用不同的方法计算，而不同的决策者采用的方法不一样，因此不同的会计方法就会产生不同的利润结果，从而使得利润指标的主观随意性加大。而现金流量的取得和投资项目的进行是同时的，采用现金流量来评价投资项目，可增加其客观性和可比性。

虽然在整个投资有效期内，利润在各年的分布状况受到许多因素的干扰，但是现金流量不受干扰，并且利润总计与现金净流量总计是相等的，所以可以用现金净流量代替利润作为评价净收益，这样更为合理。

（二）现金流量的计算

需要计算原始投资部分、生产经营部分和终结回收三部分的现金流量。

1. 原始投资部分的现金流量

原始投资部分的现金流出主要是指投资在资产上的资金，包括长期资产和流动资产，也就是建设期内企业按一定建设内容和生产规模进行的固定资产、无形资产和开办费等的投资，以及垫支的流动资金及其他的总和。

原始投资部分，既包含基本建设投资，也包括更新改造投资。其中，固定资产投资与固定资产原值之间存在差异，固定资产原值可能包括资本化了的借款利息，而固定资产投资不包括借款利息。两者的关系是：固定资产原值＝固定资产投资＋建设期资本化借款利息。

而投资在流动资产上的资金是指，在项目投产之前或之后，投资于建设期内或者经营期内的流动资产项目上的资金，一般假设在项目终了时回收。这部分现金流量在会计上不涉及企业损益，因此不受所得税影响。

此处需要注意的是，还要考虑所涉及的机会成本和其他费用。投资的机会成本是指某些固定资产被用于特定目的而不能转为他用所丧失的收入。其他费用是指以上各部分以外的费用，如新办企业时的职工培训费等。

因此，原始投资期现金流量的计算公式为：

原始投资期该年净现金流量 = – 该年发生的投资额

2. 生产经营部分的现金流量

生产经营部分的现金流量是指企业在项目投产后，在项目的整个有效期内，由于生产经营而引起的现金流量。以年为单位计算该类现金流量，包括现金流出量和现金流入量两个部分。

现金流入量主要是指营业收入，即项目投产后每年实现的全部销售收入。一般纳税人企业在确定营业收入时，应该以不含增值税的净价计算。

现金流出量主要是指付现成本，即需要每年支付现金的成本，而成本中不需要每年支付现金的部分则称为非付现成本。付现成本是生产经营阶段主要的现金流出项目，它等于当年的总成本费用（含期间费用）扣除该年折旧费、无形资产摊销费等项目后的差额，即：

付现成本 = 当年的总成本费用 – 年折旧额 – 无形资产摊销额

此处还涉及利息和税款。

利息是指，在全投资假设下，付现成本中应扣除的财务费用中的利息部分。而税款是指项目投产后依法缴纳的单独列示的各项税款，包括营业税、消费税、所得税等。但一般纳税人在价外核算的增值税不包括在此项目中。

生产经营期净现金流量的计算公式如下：

生产经营期净现金流量 = 该年现金流入量 – 该年现金流出量

生产经营期某年净现金流量 = 该年营业收入 – 该年付现成本 – 该年税款

= 该年营业收入 – （该年总成本 – 该年折旧 – 该年摊销额）– 该年税款

= 该年营业收入 – 该年总成本 – 该年税款 + 该年折旧 + 该年摊销额

= 该年税后净利润 + 该年折旧 + 该年摊销额

3. 终结回收部分的现金流量

终结回收部分的现金流量是项目有效期结束时发生的现金流量，主要包括固定资产在终结点报废清理或中途变价转让时回收的收入或残值收入，以及在原始投资初期垫付的全部流动资金的回收。

终结回收期净现金流量的计算公式如下：

$$终结期净现金流量 = 残值回收 + 垫付的流动资金$$

所以，一个投资项目全过程净现金流量计算的基本公式可以表示为：

$$净现金流量 = -投资额(固定资产和流动资产上的投资) + 各年经营利润之和 + 各年计提折旧之和 + 固定资产残值收入 + 相关流动资产上投资的收回$$

（三）影响净现金流量的因素

影响净现金流量的因素主要有折旧、税款和摊销额。

由于所得税是企业的一种现金流出，它的大小取决于利润大小和税率高低，而利润大小受折旧方法的影响，所以有关所得税的问题必然会涉及折旧问题。

折旧对现金流量的影响非常大，折旧额的多少将会对现金流量有明显的影响，虽然折旧本身并不是实际的现金流出量。

折旧抵税。由于折旧是成本费用的一部分，其数额的大小通过影响成本费用，进而影响税前利润，而税前利润的大小左右着税金的多少，进而又影响到税后利润。所以说，折旧可以起到减少税负的作用，这种作用被称为"折旧税抵"。折旧使税负减少额的计算公式为：

$$税负减少额 = 折旧额 \times 税率$$

而折旧方法的不同对企业投资效果有不同的影响。这主要是指当采用加速折旧的方法时，在固定资产使用的前期加大折旧额，在其后期减少折旧额，从而在固定资产使用的前期，企业实现的利润相对减少，在一定程度上抵消了固定资产使用前期的投资效果。

需要注意的是，在整个期间的折旧额是一样的，因为在固定资产使用前期少交的税款，相当于增加了可供使用的一笔资金，只是在后期归还而已。这对于企业还是相当有利的。

（四）现金流量图

1. 现金流入和流出的概念

（1）现金流入（cash flow in，CI），指流入系统的资金，如销售收入、投资收益、流动资产回收等。

（2）现金流出（cash flow out，CO），指流出系统的资金，如投资、经营成本、税、贷款本息偿还等。

净现金流量（NCF）是现金流入与现金流出之差：NCF = CI − CO。

2. 现金流量图的画法

现金流量是与横轴相连的垂直线，箭头向上表示现金流入，向下表示现金流出，线条长短为现金流量的大小，箭头处标明金额，现金流量图如图 4.10 所示，几种简略画法如图 4.11 所示。

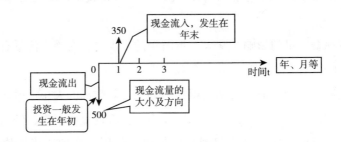

图 4.10　投资项目现金流量示意图

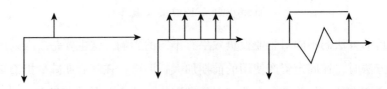

图 4.11　现金流量图的三种简略画法

例：某公司有一建设项目第 1 年初投资 100 万元，第 2 年初又投资 50 万元，在第 2 年投产，当年收入 300 万元，支出 230 万元。第 3 年至第 5 年年现金收入均为 500 万元，年现金支出均为 350 万元，第 5 年末回收资产余值 10 万元，试画出该项目的净现金流量图。

解：

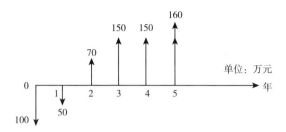

由于计算现金净流量所用的是税后净利润。因此，各年税金的大小对现金流量也是有影响的。

二、长期投资决策分析的方法

长期投资决策的分析评价主要是现金流量法。按照是否考虑货币的时间价值，可从两个方面来考虑：一是不考虑货币的时间价值的方法，即非贴现的现金流量法，也称为静态指标；二是考虑了货币的时间价值的方法，即贴现的现金流量法，也称为动态指标。

（一）静态（非贴现）的现金流量法

非贴现的现金流量法也可以说是传统的分析方法，主要是按照资金、成本、利润等传统的财务会计观念来分析评价投资效果的方法，即无论发生在何时，其经济价值都完全一样，不考虑现金流出和现金流入在时间上的差异，在不同时期的现金流出和现金流入可以直接相加减。这时，如果流入与流出的数额相等，就可以认为投资得到补偿，而当流入大于流出时，就可以认为有利润。这实际上就是利用财务会计的分析损益方法来分析投资决策。具体来说有以下几种方法。

1. 投资回收期法

该方法以投资回收期的长短作为分析和评价投资决策方案的标准。根据该方法，投资项目经营期净现金流量补偿原始投资额所需要的全部时间，或者说回收原始投资额所需要的全部时间。一般来说，投资回收期越短，投资效果越好，也就意味着投资所冒的风险可以比较早地得到解除。一般而言，当投资回收期为效用期的一半时，方案可行。

投资回收期计算公式如下：

$$\sum_{t=1}^{n} I_t = \sum_{t=1}^{n} O_0$$

式中，t 为投资回收期，I 为各期净现金流量，O 为原始投资额。

这表明，在某投资投产后一定时间内所得的净现金流量总额等于原始投资额的时期，即为投资回收期。

回收期的计算可分两种情况。

第一种是，有关方案各年的净现金流量相等，可表示为以下公式：

$$投资回收期 = \frac{投资额}{每年净现金流量}$$

第二种是，当投资方案各年的净现金流量都不相等，则必须逐年计算出各年累计的净现金流量，然后同原始投资额相比较，通过确定投资回收期的可能期间，再用插值法准确计算投资回收期。

例： 某投资项目原始投资额为 15000 元，现在有三个方案可供比较，如下：

投资项目可选方案 单位：元

期间	方案 A 各年净现金流量	方案 B 各年净现金流量	方案 C 累计净现金流量
1	5000	6000	5000
2	5000	3000	5000
3	5000	6500	4500
4	5000	5000	7500
5	5000	6000	5000

求：方案 A、B、C 的投资回收期。

解：

投资项目各方案累计净现金流量 单位：元

期间	方案 A 累计净现金流量	方案 B 累计净现金流量	方案 C 累计净现金流量
1	5000	6000	5000
2	10000	9000	9500
3	15000	15500	14500
4	20000	21000	22000
5	25000	27000	27000

可以看出，方案 B 的投资回收期在 2 期与 3 期之间，方案 C 的投资回收期

在 3 期与 4 期之间。

借用插值计算：

$$\left.\begin{matrix}2\\ ?\end{matrix}\right\} X \left.\begin{matrix}\\ \\ \end{matrix}\right\} 1 \qquad \left.\begin{matrix}9000\\ 15000\end{matrix}\right\} 6000 \left.\begin{matrix}\\ \\ \end{matrix}\right\} 6500$$

$$3 \qquad\qquad 155000$$

$X/1 = 6000/6500$

$X = 6000/6500$，或者 $X = 1 - 500/6500$

$P_P = 2 + 0.923077 = 2.9231$（年）

同理，方案 C 的投资回收期也可以求解出，$3 + 0.0714 = 3.071$（年），所以可知方案 B 的回收期短，方案 B 为可选方案。

这种方法的优点是概念清楚，计算简便；缺点是不能反映投资在其整个有效期内可能提供的全部经济效益，只能反映回收期的情况，也不考虑回收期内现金流入量发生的时间先后。若两个方案的回收期相等，就无法判别其优劣了。

2. 投资报酬率法

投资报酬率法，又称投资利润率或者会计利润率，其计算公式如下：

$$投资报酬率 = \frac{年平均利润}{投资额}$$

平均利润为针对各方案的利润之和取其自然平均数。

在投资决策时，主要是把投资项目的期望报酬率同企业所要求的平均报酬率相比较。若期望平均报酬率大于要求的平均报酬率，那么该方案可取，否则就不可取。

例：某项目三种方案的各年净利润为：

投资项目各方案各年净利润　　　　　　　　　　单位：元

期间	方案 A 各年净利润	方案 B 各年净利润	方案 C 累计净利润
1	1500	1600	1500
2	1500	1300	1600
3	1500	1650	1650
4	1500	1500	1750
5	1500	1600	1750
合计	7500	7650	8250

那么，方案 A 的投资报酬率 $=1500/15000=10\%$

方案 B 的投资报酬率 $=(7650/5)/15000=10.2\%$

方案 C 的投资报酬率 $=(8250/5)/15000=11\%$

3. 平均年报酬率法

平均年报酬率法是指项目期内的年平均投资报酬率，可用两个公式来表示：

$$年平均报酬率 = \frac{年平均现金流入量}{原始投资} \times 100\%$$

$$或者，年平均报酬率 = \frac{年平均现金流量}{平均投资额} \times 100\%$$

（二）动态（贴现）的现金流量法

贴现的现金流量法主要是在分析评价投资决策方案时，考虑货币的时间价值对现金流量的影响。也就是说，以现金流量为基础，通过货币的时间价值的换算，把各期的现金流量统一在相同时点上。而在换算时，则按照确定的利率，将各期的现金流量换算为现值。通常有净现值法、现值指数法、内部报酬率法、等年值法，以及外部报酬率法等。

1. 净现值法

（1）净现值法的概念。净现值法是指在投资项目期内，各期的净现金流量按照一定的贴现率换算成现值，与原始投资额（现值）相比较而形成的差额。或者说，流入现值与流出现值的差额部分，称为"净现值"（net present value，NPV）。

（2）净现值法决策标准。净现值法是以净现值的大小来分析和评价投资方案的经济效果并作为判断投资是否可行的依据。净现值大于零，表示投资效果高于预期回报率的水平；等于零，表示投资效果正好与预期回报率相当；小于零，则表示达不到预期回报水平，该方案不可行。

（3）净现值法的计算公式如下：

$$NPV = \sum_{t=1}^{n} \frac{I_t}{(1+i)^t} - \sum_{t=1}^{n} \frac{O_t}{(1+i)^t}$$

式中，NPV 表示净现值，O_0 为原始投资额，$I_t(t=1,2,\cdots,n)$ 为投产

后各期净现金流量的现值，i 为贴现率，n 为预计有净现金流量的年数，t 为期数。净现值即为未来报酬的总现值与原始投资额的差。

采用这种方法，就是把各期的净现金流量都统一在与原始投资期相同的时点上，使投资方案净现金流量同原始投资期的投资额具有了可比性。

例：某企业欲扩大生产能力，需要购置一种新的设备。经市场调查，有 A、B 两种设备可供选择。其中，A 设备预计可使用 6 年，而购买 A 设备需要支付 70000 元，以及运输及安装费 5700 元，期满残值收入为 2500 元。设备投产使用后，每年可增产 2000 件 B 产品，每件产品可减少直接材料和直接人工成本 15 元。该企业按直线法计提折旧，期望投资回报率为 12%，所得税税率为 25%。请问：该企业是否应购置该设备？

解：

①计算购入 A 设备的现金流出量的现值

现金流出量的现值 = 70000 + 5700 = 75700（元）

②计算 A 设备在其效用期内每年净现金流量

每年增加的折旧 = (75700 - 2500)/6 = 12200（元）

每年增加的税前利润 = 2000 × 15 - 12200 = 17800（元）

每年增加的税后现金净流量 = 17800(1 - 25%) + 12200 = 25550（元）

③计算购买 A 设备的净现值

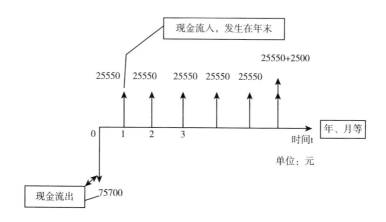

$$NPV = 25550 \times (P/A,12\%,6) + 2500 \times (P/F,12\%,6) - 75700$$
$$= 25550 \times 4.1114 + 2500 \times 0.5066 - 75700 = 30612.27（元）$$

该结果说明，新设备购入后可以增加的现金净流量要大于投资额，能够带来经济效益，方案可行。

（4）净现值法的优缺点。净现值法的优点是，净现值法是评价投资效果最普通的一种分析方法；但其缺点是，在有若干个投资方案并且规模不同时，难以进行比较，通常情况下，净现值的大小取决于投资规模的大小。因此，仅以净现值的绝对量为依据就缺乏可比性，而以单位投资额所产生的净现金流量的现值进行评价就比较恰当。

2. 现值指数法

（1）现值指数法的概念。现值指数法（PVI），又称获利指数法，是指投资方案的未来报酬的总现值与原始投资额的现值之比。它反映的是单位投资额在未来可获得的净现金流量的现值。一般来说，投资方案的现值指数越大，投资效果越好。

（2）现值指数法的计算公式如下：

$$PVI = \sum_{t=1}^{n} I_t (1 + i)^{-t} / \sum_{t=1}^{n} \frac{O_t}{(1 + i)^t}$$

（3）现值指数法决策标准。现值指数法是根据各个方案的现值指数的大小来判断投资方案是否可行的方法。若一项方案的现值指数小于1，则说明投资效果低于期望报酬率；若现值指数等于1，则说明投资效果正好等于期望报酬率水平；若现值指数大于1，则说明投资效果高于期望报酬率水平，投资效果好。

例：某企业因生产需要准备购买一台仪表，现有两个方案可供选择。购买A仪表，购入成本10万元，有效使用年限6年，期满残值2000元，每年生产销售数量1万件，单位售价20元，单位变动成本12元。购买B仪表，购入成本15万元，有效使用年限6年，期满残值4000元，每年生产销售数量2万件，单位售价20元，单位变动成本15元。若该企业的资金成本为8%，那么哪个方案更可行呢？

解：由题可画出方案A现金流量图：

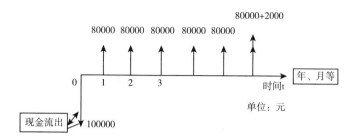

方案 B 现金流量图：

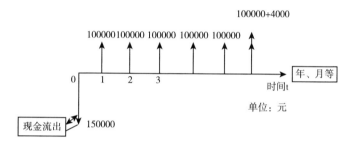

①计算两个方案的现金净流量

A 仪表：$20 \times 10000 - 12 \times 10000 = 80000$（元）

B 仪表：$20 \times 20000 - 15 \times 20000 = 100000$（元）

②计算两个方案的每年净现金流量的现值

购入 A 仪表的净现值 $= 80000 \times (P/A, 8\%, 6) + 2000 \times (P/F, 8\%, 6) - 100000$

$= 80000 \times 4.6229 + 2000 \times 0.6302 - 100000$

$= 369832 + 1260.4 - 100000 = 371092.4 - 100000$

$= 271092.4$（元）

购入 B 仪表的净现值 $= 100000 \times (P/R, 8\%, 6) + 4000 \times (P/F, 8\%, 6) - 150000$

$= 100000 \times 0.4629 + 4000 \times 0.6302 - 150000$

$= 462900 + 2520.8 - 150000 = 465420.8 - 150000$

$= 315420.8$（元）

购买 A 仪表的现值指数 $= 371092.4/100000 = 3.71$

购买 B 仪表的现值指数 $= 465420.8/150000 = 3.10$

可见，购买 A 仪表为最优方案。

例：现有两个独立的方案。方案 A 的原始投资额为 30000 元，现金流入量为 31500 元，净现值是 1500 元。方案 B 的原始投资额为 3000 元，现金流入量为 4200 元，净现值为 1200 元。应如何选择？

解：从两个方案的净现值的绝对数来看，方案 A 要好于方案 B，应该采用方案 A，但是方案 A 的投资额远远要超过方案 B。因此，应比较两个方案的现值指数。

方案 A 现值指数 = 31500/30000 = 1.05

方案 B 现值指数 = 4200/3000 = 1.4

方案 B 现值指数大于方案 A 现值指数，所以应该选择方案 B。

（4）现值指数法的优缺点。

现值指数法的优点是，考虑了货币的时间价值因素，以投产后各期净现金流量的现值和原始投资额的现值之间的比值为决策依据。该比值是个相对数，可以反映各投资方案的原始投资额与投产后净现金流量的比，具有可比性，也使不同原始投资额的不同方案具有可比性，使用范围很广，也更能正确地反映各投资方案的经济效果。

现值指数法的缺点是，净现值是个绝对数指标，反映投资效益，而现值指数法则是一个相对数指标，反映投资的效率。两个指标截然不同，使用时要特别注意。

3. 内部报酬率法

（1）内部报酬率法的概念。内部报酬率法是指项目投资方案自身实际可望达到的投资报酬率，亦可将它理解为能使投资项目的净现值为零时的折现率。

内部报酬率法的理论依据是，在计算方案的净现值时，用预期的投资报酬率作为贴现率计算，净现值的结果往往是大于零或者小于零，说明方案实际达到的投资报酬率大于或小于预期报酬率；若净现值为零，则说明两种报酬率一样。所以，内部报酬率法就是要计算出使净现值等于零时的贴现率，而这个贴现率就是投资方案的实际可能达到的投资报酬率。

（2）内部报酬率法的计算公式如下：

$$\sum_{t=1}^{n} \frac{I_t}{(1+r)^t} = \sum_{t=1}^{n} \frac{O_t}{(1+i)^t}$$

或者，$\sum_{t=1}^{n} \dfrac{I_t}{(1+r)^t} - \sum_{t=1}^{n} \dfrac{O_t}{(1+r)^t} = 0$

式中，r 为内部报酬率，其他字母含义与净现值计算公式相同。

从公式也可以理解，内部报酬率是指能使方案的净现值为零的贴现率，内部报酬率与净现值之间存在如下的关系：净现值 = 0，内部报酬率 r = i；净现值 > 0，内部报酬率 r > i；净现值 < 0，内部报酬率 r < i。

（3）内部报酬率法的评价标准。内部报酬率法以内部报酬率的大小来评价方案的优劣。内部报酬率大于期望的报酬率时，方案可行，其值越大，说明方案越好。

在实际决策中，可能会遇到以下两种情况：

第一种情况：每年现金净流量相等。可以利用年金现值计算原理，计算出未来现金净流量的现值，并使净现值为零，即现金净流量 × 年金现值系数 - 投资额现值 = 0。经变化可得：投资额现值/每年现金净流量 = 年金现值系数。

例：某化工厂欲进行技术改造，投资 9 万元，可使用 10 年，每年的净现金流量为 1.8 万元。请计算该方案的内部报酬率。

解：年金现值系数 = 90000/18000 = 5.000

查年金现值系数表可知：n = 10(P/R，i，10) = 5

可知，当 i = 14% 时，系数是 5.2161；i = 16% 时，系数是 4.8332。而系数 5 正好介于 4.8332 与 5.2161 之间，故可用插值法计算。

$$\left.\begin{array}{l} 5.2161 \\ 5.0000 \end{array}\right\} 5.2161 - 5 \left.\right\} 5.2161 - 4.8332$$

$$4.8332$$

$$\left.\begin{array}{l} 14\% \\ ? \end{array}\right\} X\% \left.\right\} 2\%$$

$$16\%$$

X/2 = (5.2161 - 5)/(5.2161 - 4.8332)

X = 1.1288

即内部报酬率 r = 1.1288% + 14% = 15.13%，说明该方案的内部报酬率为 15.13% 。

第二种情况：项目投产后，各期净现金流量不相等。此时不能用年金形式解决，可采用逐次测试法。具体计算步骤如下：

第一次测试：先估计一个贴现率 r_1，按此贴现率计算未来各期的现金净流量，并据以计算净现值。

若 r_1 能使项目的净现值 = 0，则该 r_1 就是所要的内部报酬率；若计算出的净现值为正数，则表明估计的贴现率小于该投资方案的实际投资报酬率，即 $r_1 < r$，需要进行第二次测试。

第二次测试：再设定一个贴现率 r_2，并使 $r_2 > r$，若 r_2 依然使得项目的净现值为正数，即 $r_2 < r$，则要进行第三次测试，乃至第四次，甚至第五次测试，直到寻找到使净现值为负数的贴现率为止。

此时，可确知内部报酬率 r 就在这相邻的两个贴现率之间。

最后使用插值法，计算出该方案的内部报酬率。

例：某企业有如下的投资方案，原始投资额为 110 万元，投产后第一年的现金净流量 60 万元，第二年 70 万元。计算该方案的内部报酬率。

解：设 $r_1 = 10\%$，则：

$$NPV = 60 \times (P/F, 10\%, 1) + 70 \times (P/F, 10\%, 2) - 110$$
$$= 60 \times 0.9091 + 70 \times 0.8265 - 110$$
$$= 2.4$$

再设 $r_2 = 14\%$，则：

$$NPV = 60 \times (P/F, 14\%, 1) + 70 \times (P/F, 14\%, 2) - 110$$
$$= 60 \times 0.8772 + 70 \times 0.7695 - 110$$
$$= -3.5$$

最后，按照插值法计算该项目的内部报酬率。

所以，X = 1.63%，即该方案的内部报酬率为 10% + 1.63% = 11.63%。

内部报酬率反映了投资项目可能达到的报酬率，易被决策人员所理解。用内部报酬率法评价方案，可以有效地克服净现值法和现值指数法不能确定有关方案本身实际上可以达到的投资报酬率的缺陷，如果各方案原始投资额不同，可以通过计算各方案的内部报酬率，并与现值指数法结合，以反映各独立方案的获利水平。

第四节 资金成本

一、资金成本的概念

资金成本，也称为资本成本，是企业为筹集和使用资金而支付的有关费用，包括资金筹集费和资金占用费。资金成本既可以用绝对数表示，也可以用以下相对数表示。

$$资金成本 = \frac{每年的用资费用}{筹资数额 - 筹资费用}$$

其中，资金筹集费用是指资金筹集过程中发生的各种费用，通常是一次性发生的，如资金使用者在发行股票、债券过程中支付的印刷费、注册费、代理发行费，以及向银行贷款的手续费等；资金占用费是在资金使用过程中支付的报酬，如向股东支付的股利、向债权人支付的利息等。

资本成本的计算在企业进行筹资决策、资本投资决策、营运资本管理和业绩评价方面都有重要的意义。资本成本是投资项目可行性的取舍率或极限利率，企业从不同渠道取得的资金，使用的预期效益不能低于资金成本，否则将无利可图。

二、个别资本成本

（一）几种主要资金来源资本成本的计算

在企业的资本结构中，长期资金可分为债务资本和权益资本两大类，其中债务资本可分为长期借款和债券，权益资本则可分为普通股、优先股和留存收益三种。因此，对于不同来源取得的资金，其资本成本有高有低，且计算方法各不相同。现分别说明几种主要资本成本的计算方法。

1. 长期借款的资本成本

企业因借款而支付的利息，一般于缴纳所得税前计入财务费用，故可抵交部分所得税。因此，其资金年实际占用费为 $I_1 = (1 - T)$，即长期借款的资本成本公式为：

$$K_L = \frac{I_1(1-T)}{L(1-F_1)}$$

式中，K_L 为长期借款资本成本率，I_1 为长期借款年利息，T 为企业所得税率，L 为长期借款本金，F_1 为长期借款筹资费率。

由于企业向银行借款的筹资费用一般较少，常常忽略不计，而 I_1/L 即是长期借款的利率 i，因此上述公式可简写为：

$$K_L = i(1-t)$$

例：某企业向银行借款 20 万元，借款期限 3 年，年利率 10%，每年付息一次，到期一次还本，企业所得税率为 25%。请问该企业的借款成本为多少？

解：根据公式可得：

$K_1 = 10\% \times (1-25\%) = 7.5\%$，即该企业的借款成本为 7.5%。

2. 债券成本

与债券发行相关的成本包括债券利息和筹资费用两部分。企业发行债券实际获得的资金是债券面值扣除筹资费用后的净额，即债券面值总额 × (1 - 筹资费率)。另外，债券利息与银行长期借款利息一样，可在税前利润中支付，也可抵交部分所得税。但是，债券的筹资费用一般较高，在计算资本成本时不可忽略。

债券资本成本的计算公式如下：

$$K_d = \frac{I(1-T)}{Q(1-f)}$$

式中，K_d 为债券资本成本率，I 为借款应计利息，Q 为发行债券总额，f 为债券筹资费率。

例：某企业发行为期 10 年的长期债券，债券面值总额 600 万元，债券年利率 10%，筹资成本率 1.8%，公司所得税率为 40%，债券按面值发售，每年支付利息，10 年后一次还本。请问该公司的债券成本是多少？

解：根据公式可得：

$K_d = 10\% \times 600 \times (1-40\%)/600 \times (1-1.8\%)$

$$= 36 \div 589.2$$

$$= 6.1\%$$

如果债券发行采用溢价或折价的方式，为精确计算债券的资本成本，债券的筹资额要以实际的发行价格计算。

3. 普通股成本

与前面提到的借入资金不同，普通股包括优先股，属于权益性资金，是构成股份制企业全部资金的基础部分的股份，其资金占用费指的是向股东发放的股利，但是股利的多少取决于企业经营状况的好坏和利润的多少，并且是用税后净利支付的，因此在计算时不必考虑所得税的影响。

其公式为：

$$K_s = D_C / [P_C (1 - F_C)] + G$$

式中，K_s 为普通股资本成本率，D_C 为预期年股利额，P_C 为普通股筹资额，F_C 为普通股筹资费率，G 为普通股年增长率。

4. 优先股成本

其公式为：

$$K_p = D / [P (1 - F_p)]$$

式中，K_p 为优先股资本成本率，D 为年股利额，P 为优先股筹资额，F_p 为优先股筹资费率。

5. 企业留利成本

留用利润是企业所得税后形成的。企业留利成本实际上是一种机会成本，是企业管理层在制定决策时必须考虑的一个重要的现实因素。留用利润的权益属于普通股股东，与普通股相比，同样也有资本成本，但是不存在筹资费用。因此，按照股票收益率加上增长率的方式来计算。

其公式为：

$$K_r = D_C / P_C + G$$

式中，K_r 为保留盈余资本成本，D_C 为预期年股利额，P_C 为保留盈余筹资额，G 为普通股年增长率。

三、综合资本成本

（一）综合资本成本的概念

综合资本成本，也称为加权平均资本成本，是以各种不同筹资方式的资本成本为基数，以占资本总额的比重为权数计算的加权平均数，分为三个部分：个别资本成本、综合资本成本、资本的边际成本。

从以上的讨论中可以了解到，对于不同来源的资金，其资金所有者所承担的风险是不同的，企业所付出的代价也是不相同的。因为承担的风险越大，资金所有者要求获得的报酬就越高；相反，资金使用者付出的代价也就越大，资金成本就越高。按资金成本和风险由低到高的次序，分别是长期借款、债券、普通股。

（二）综合资本成本的计算

综合资本成本，即加权平均资本成本，是指分别以各种资金成本为基础，以各种资金占全部资金的比重为权数计算出来的综合资金成本。

加权平均资金成本 $= \sum$（某种资金占总资金的比重 × 该种资金的成本）

若以 K_w 代表加权平均资金成本，W_j 代表第 j 种资金占总资金的比重，K_j 代表第 j 种资金成本，则可表示为：

$$K_w = \sum_{j=1}^{n} W_j \times K_j$$

个别资金占全部资金的比重通常按账面价值确定，也可以按市场价值或目标价值确定，分别称为市场价值权数、目标价值权数。市场价值权数是指债券、股票以市场价格确定权数；目标价值权数是指债券、股票以未来预计的目标市场价值确定权数。

例： 某企业欲筹集长期资金 400 万元，其中：面值发行长期债券 1.6 万张，每张面值 100 元，票面利率 11%，筹资费率 2%，所得税率 33%；面值发行优先股 8 万股，每股 10 元，筹资费用率 3%，股息率 12%；面值发行普通股 100 万股，每股 1 元，筹资费用率 4%，第一年末每股股利 0.096 元，股利预计年增长率 5%；保留盈余 60 万元。请计算企业的综合资本成本。

解：长期债券的成本 $= (1.6 \times 100) \times 11\% \times (1 - 33\%) / (1.6 \times 100) \times (1 - 2\%)$
$$= 7.52\%$$

优先股的成本 $= (8 \times 10) \times 12\% / (8 \times 10) \times (1 - 3\%) = 13.64\%$

普通股成本 $= 0.096 \times (1 + 5\%) / 1 \times (1 - 4\%) + 5\% = 15.5\%$

留存收益成本 $= 0.096 \times (1 + 5\%) / 1 + 5\% = 15.08\%$

综合成本 $= (7.52\% \times 1.6 \times 100 + 13.64\% \times 8 \times 10 + 15.5\% \times$
$$1 \times 100 + 15.08\% \times 60) / 400 = 11.87\%$$

第五章　融资决策理论基础

第一节　杠杆利益与风险

一、杠杆效应

杠杆效应是指由于特定费用（如固定生产经营成本或固定的财务费用）的存在而导致的，当某一财务变量以较小幅度变动时，另一相关变量出现较大幅度的变动。

财务管理中的杠杆效应有三种形式：经营杠杆（营业杠杆）、财务杠杆、复合杠杆（又称总杠杆或联合杠杆）。

二、相关概念

（一）成本习性及分类

1. 成本习性

成本习性是指成本总额与业务量之间在数量上的依存关系。

2. 成本分类

按照成本习性，可把全部成本划分为固定成本、变动成本和混合成本。

（1）固定成本。固定成本是成本总额在一定时期和一定业务量范围内不受业务量影响，保持固定不变的成本。

约束性固定成本，指企业维持一定业务量必须支付的最低成本。企业的经营能力一经形成，短期内很难出现重大改变，而要想降低约束性固定成本，只能从合理利用经营能力入手。

酌量性固定成本，指根据企业经营方针，由管理者确定的一定时期（一般为一年）的成本。要降低酌量性固定成本，就要在预算时精打细算，合理确定这部分成本的数额。

（2）变动成本。变动成本是指成本总额随业务量增减变动而呈正比例变动的成本。

（3）混合成本。有些成本虽然也随业务量的变化而变化，但不是同比例变动，不能简单地归入变动成本或固定成本，这类成本称为混合成本。混合成本按其与业务量的关系，可以分为半变动成本和半固定成本。

3. 总成本习性模型

成本按习性可分为变动成本、固定成本、混合成本三类，而混合成本又可以按一定方法分解为变动部分和固定部分，可表示为：

$$Y = a + bx$$

式中，Y 为总成本，a 为固定成本，b 为单位变动成本，x 为产销量。

（二）边际贡献

边际贡献是指销售收入减去变动成本以后的差额，其计算公式为：

$$M = S - V = (p - b) \times x = m \times x$$

式中，M 为成本总额，S 为收入总额，V 为成本总额，p 为单价，b 为变动成本，m 为边际贡献（m = p - b），x 为数量。

（三）息税前利润

息税前利润是指支付利息和交纳所得税之前的利润。

成本按习性分类后，息税前利润可以按下式计算：

$$EBIT = S - V - a = (p - b) \times x - a = M - a$$

式中，EBIT 为息税前利润，a 为成本。

此外，息税前利润还可以用利润总额加上财务费用来计算。

三、经营杠杆

（一）经营杠杆的概念

由于固定成本的存在，导致息税前利润的变动率大于产销量的变动率的杠杆效应，称为经营杠杆。

（二）经营杠杆的计量

对经营杠杆效应大小进行计量，常使用经营杠杆系数或经营杠杆度这两个指标。

杠杆系数是指息税前利润的变动率相当于产销量的变动率的倍数，其计算公式是：

$$经营杠杆系数 = \frac{息税前利润变动率}{产销量变动率}$$

即：$DOL = (\Delta EBIT / EBIT) / (\Delta x / x)$

$$= (\Delta EBIT / EBIT) / [\Delta(px) / px]$$

式中，DOL 为经营杠杆系数，$\Delta EBIT$ 为息税前利润变动额，EBIT 为变动前息税前利润，Δx 为销售变动量，x 为变动前销售量。

该式可化简为：$DOL = M / (M - a) = M / EBIT$，其中，M 和 EBIT 都为基期值。

例：某企业生产 A 产品，固定成本为 60 万元，变动成本率为 40%，当企业的销售额分别为 400 万元、200 万元、100 万元时，经营杠杆系数分别是：

$DOL(1) = (400 - 400 \times 40\%) / (400 - 400 \times 40\% - 60) = 1.33$

$DOL(2) = (200 - 200 \times 40\%) / (200 - 200 \times 40\% - 60) = 2$

$DOL(3) = (100 - 100 \times 40\%) / (100 - 100 \times 40\% - 60) = \infty$

计算表明，DOL 将随 a 的变化而呈同方向变化，即在其他因素一定的情况下，固定成本越高，DOL 就越大。同理，固定成本越高，企业经营风险就越大；当固定成本为零时，DOL 等于 1；当企业的息税前利润为零时，DOL 为无穷大。

（三）经营杠杆系数的含义

由于市场需求和成本等因素的不确定性，当产销量增加或减少时，息税前利润将以 DOL 倍数的幅度增加或减少。因此，经营杠杆系数越大，利润变动越激烈，企业的经营风险就越大。这种现象称为经营风险。

1. 经营杠杆系数说明了销售量的变动对息税前利润变动的影响程度

息税前利润变动率 = 产销量变动率 × 经营杠杆系数

2. 预测息税前利润

预计息税前利润 = 基期利润 × (1 + 产销量变动率 × 经营杠杆系数)

3. 衡量企业的经营风险

在固定成本不变的情况下，销售额越大，经营杠杆系数越小，经营风险也就越小；反之，销售额越小，经营杠杆系数越大，经营风险也就越大。

经营风险是指企业因经营上的原因而导致利润变动的风险。影响企业经营风险的主要因素有产品需求、产品售价、产品成本、调整价格的能力、固定成本的比重。企业一般可以通过增加销售额、降低产品单位成本、降低固定成本比重等措施，使经营杠杆系数下降，降低经营风险，但这往往受到条件的制约。

四、财务杠杆

（一）财务杠杆的概念

财务杠杆是指由于固定财务费用的存在而导致普通股股东权益变动率大于息税前利润变动率的杠杆效应。

（二）财务杠杆的计量

财务杠杆作用的大小通常用财务杠杆系数表示。财务杠杆系数是普通股每股利润的变动率相当于息税前利润变动率的倍数。

$$财务杠杆系数 = \frac{普通股每股利润的变动率}{息税前利润变动率}$$

即：$DFL = (\Delta EPS / EPS) / (\Delta EBIT / EBIT)$

式中，DFL 为杠杆系数，ΔEPS 为普通股每股利润的变动额，EPS 为普通股每股利润，$\Delta EBIT$ 为息税前利润变动额，EBIT 为基期息税前利润。

财务杠杆系数的计算公式可简化为：

$$DFL = EBIT / [EBIT - I - L - D / (1 - T)]$$

若企业只存在负债，则：

$$财务杠杆系数 = \frac{息税前利润}{息税前利润 - 利息}$$

即：$DFL = EBIT / (EBIT - I)$

显然，当企业既没有发行优先股，也没有向银行借款时，财务杠杆系数为 1。必须说明的是，式中的 EBIT、I、D 和 T 均为基期值。

（三）财务杠杆系数的含义

1. 财务杠杆系数表明息前税前利润变动对每股收益变动的影响

每股收益变动率 = 息税前利润变动率 × 财务杠杆系数

2. 预测普通股每股收益

预计普通股每股收益 = 基期普通股每股收益 × (1 + 息税前利润变动率 × 财务杠杆系数)

3. 衡量企业的财务风险

财务风险是指，企业为了取得财务杠杆利益而利用负债资金时，增加破产机会或普通股利润大幅度变化的机会所带来的风险。在资本总额、息前税前利润相同的情况下，负债比率越高，财务杠杆系数越高，财务风险越大，但预期每股盈余（投资者收益）也越高。

（1）存在财务杠杆的放大作用的前提是，必须要有固定的利息负担或优先股息。

（2）在其他因素不变的情况下，利息变大或优先股利变大，则财务杠杆系数会变大，财务风险也会变大；如果 EBIT 变大，那么财务杠杆系数就变小，财务风险也会变小。

（3）负债比率是可控制的。企业可以通过合理安排资本结构、适度负债，使财务杠杆利益抵消风险增大所带来的不利影响。

五、复合杠杆（总杠杆或联合杠杆）

（一）复合杠杆的概念

从前面的分析我们知道，由于存在固定的生产经营成本，产生经营杠杆效应，使税前利润的变动率大于销售量（额）的变动率；同样，由于存在固定财务费用，产生财务杠杆效应，使企业每股收益的变动率大于息税前利润的变动率。如果两种杠杆共同起作用，那么销售量（额）稍有变动，就会使普通股每股收益产生更大的变动。这种由于固定生产经营成本和固定财务费用的共同存在而导致的每股收益变动率大于销售业务量变动率的杠杆效应称为复合杠杆，或总杠杆、联合杠杆。它是经营杠杆与财务杠杆共同作用的结果。

（二）复合杠杆的计量

由于不同企业复合杠杆作用的程度不同，对复合杠杆进行计量一般用复合杠杆系数或复合杠杆度来表示。

复合杠杆系数是指每股利润变动率相当于业务量变动率的倍数，其计算公式是：

$$复合杠杆系数 = \frac{每股利润变动率}{产销业务量变动率}$$

即：$DCL = (\Delta EPS/EPS)/(\Delta x/x)$

$$= M/[EBIT - I - L - D(1 - T)]$$

$$= DOL \times DFL$$

式中，DCL 为杠杆系数。

（三）复合杠杆的作用

1. 能够预估销售额变动对每股收益造成的影响

普通股每股收益变动率 = 产销量变动率 × 复合杠杆系数

2. 预测普通股每股收益

预计普通股每股收益 = 基期普通股每股收益 × （1 + 产销量变动率 × 复合杠杆系数）

3. 可发现经营杠杆与财务杠杆之间的相互关系

为了达到某一复合杠杆系数，经营杠杆和财务杠杆可以有很多不同的组合。

4. 衡量企业风险

在复合杠杆的作用下，当企业经济效益好时，每股收益会大幅度上升；当企业经济效益差时，每股收益会大幅度下降。企业复合杠杆系数越大，每股收益的波动幅度越大。这种由于复合杠杆作用，使每股收益大幅度波动而造成的风险称为企业风险。在其他因素不变的情况下，复合杠杆系数越大，企业风险越大；复合杠杆系数越小，企业风险越小。

第二节　资本结构理论

一、资本结构概述

（一）资本结构的概念

资本结构是指企业各种资金来源的构成和比例关系。

在实务中，资本结构有广义和狭义之分。广义的资本结构是指企业全部资金（包括长期资金和短期资金）的构成及其比例关系。狭义的资本结构仅指企业长期资金的构成及其比例关系，因此也叫资金结构。

企业的资本结构是由企业采用的各种筹资方式筹集资金而形成的，各种筹资方式不同的组合类型决定着企业资本结构及其变化。企业的筹资方式虽然很多，但总的来看分为负债资金和权益资金两类，因此资本结构问题总的来说是负债资金的比率问题，即负债资金在企业全部资金中所占的比重。

（二）资本结构中负债的作用

一定程度的负债有利于降低企业的资金成本；负债筹资可以产生财务杠杆利益；负债资金会加大企业的财务风险。

二、资本结构理论梳理

资本结构理论是研究资本结构中债务资本与权益资本比例的变化对企业价值的影响的理论，它是企业财务理论的重要组成部分。早在 20 世纪初，随着财务管理的重心向筹资转移，在企业筹资中，如何选择资金成本最低、企业价值最大的资本结构，受到了西方财务经济学界的广泛关注，不少财务经济学家开始了对资本结构理论的研究。对资本结构理论的研究导致了资本结构理论流派的产生。

（一）净收益理论

负债程度越高，加权平均资本成本越低，企业价值越大；负债比率为 100% 时，企业价值最大。

（二）营业收益理论

无论负债程度如何，加权平均资本成本不变，企业价值也不变。该理论认为不存在最佳资本结构。

（三）传统理论

过度利用财务杠杆会带来权益资本成本的上升。在加权平均资本成本从下降转为上升的转折点，企业价值最大，此时的负债比率为最优资本结构。

（四）权衡理论

当边际负债税额庇护利益恰好与边际破产成本相等时，企业价值最大，资本结构最优。

第三节　资本结构决策

一、最优资本结构的含义

所谓最优资本结构是指在一定条件下，使企业加权平均成本最低，企业价值最大的资本结构。从理论上讲，最优资本结构是存在的，但由于企业内部和外部环境和条件的变化，寻找最优资本结构是很困难的。

从以上分析可以看出，利用负债资金有双重作用，适当利用负债可以降低企业资金成本，但当企业负债比率过高时，会带来很大的财务风险。为此，企业必须权衡财务风险和资金成本的关系，确定最优资本结构。

二、最佳资本结构的决策方法

（一）每股利润分析法（每股盈余无差别点法）

利用每股利润无区别点来进行资本结构决策的方法称为每股利润分析法或每股盈余无差别点法。由于这种方法主要是分析 EBIT 和 EPS 之间的关系，所以也称为 EBIT – EPS 分析法。

每股盈余无差别点是指在两种不同筹资方式下，普通股每股收益相等时的息税前利润点（或销售收入点），亦称息税前利润平衡点或筹资无差别点。

每股盈余无差别点的计算公式如下：

$$[(EBIT - I1) \times (1 - T) - DP1]/N1$$

$$= [(EBIT - I2) \times (1 - T) - DP2]/N2$$

当预计息税前利润等于 EBIT 时，两种筹资方式均可；

当预计息税前利润大于 EBIT 时，则追加负债筹资更有利；

当预计息税前利润小于 EBIT 时，则增加主权资本筹资更有利。

每股利润分析法测算原理比较容易理解，测算过程比较简单，但此方法的局限在于，只考虑了资本结构对每股收益的影响，并假定每股收益最大，股票价格也就最高。该方法忽视了资本结构对风险的影响，是不全面的。因为随着负债的增加，投资者的风险加大，股票价格和企业价值也会有下降的趋势，所以，单纯使用 EBIT - EPS 分析法有时会做出错误的决策。该方法适用于资本规模不大、资本结构不太复杂的股份有限公司。

（二）比较资金成本法

比较资金成本法也叫比较优选法，是指企业在做出筹资决策之前，先拟定若干个备选方案，分别计算各方案加权平均资金成本，并根据加权平均资金成本的高低来确定资本结构的方法。

企业筹资可分为创立初期的初始筹资和发展过程中的追加筹资两种情况。与此相对应，企业的资本结构决策可分为初始筹资的资本结构和追加筹资的资本结构决策。（1）初始筹资的资本结构决策。通过综合资金成本率的测算及比较来做出选择。（2）追加筹资的资本结构决策。企业选择追加筹资组合方案可采用两种方法：一种方法是直接测算各备选追加筹资方案的边际资金成本，然后进行比较，选择最佳筹资组合方案；另一种方法是分别将各备选追加筹资方案与原有最佳资本结构汇总，测算比较各个追加筹资方案下汇总资本结构的综合资金成本率，然后进行比较，选择最佳筹资方案。

比较资本成本法的测算原理容易理解，测算过程简单，但仅以资本成本率最低作为决策标准，没有具体测算财务风险的因素，其决策目标实质上是利润最大化而不是企业价值最大化。这种方法一般适用于资本规模较小、资本结构较为简单的非股份制企业。

第四节 风险报酬理论

一、风险的概念与类别

（一）风险的概念

一般来说，风险是指在一定条件下和一定时期内可能发生的各种结果的变动程度（某一行动的结果具有多样性）。

风险是"一定条件下"的风险。风险是事件本身的不确定性，具有客观性，即特定投资的风险大小是客观的，但是否去冒风险及冒多大的风险，是可以选择的，是主观的。此外，风险的大小随时间的延续而变化，是"一定时期内"的风险。

某一行动的结果具有多种可能而不能加以肯定，就叫有风险；反之，某一行动的结果很肯定，就叫没有风险。从财务管理的角度看，风险就是企业在各项财务活动过程中，由于各种难以预料或无法控制的因素的作用，使企业的实际收益与预期收益发生背离，从而有发生经济损失的可能性。

风险不仅能导致超出预期的损失，而且还可能带来超出预期的收益。

（二）风险的类别

从个别投资主体的角度看，风险分为市场风险和企业特有风险。

1. 市场风险（系统风险、不可分散风险）

这是指那些影响所有企业的风险，如战争、自然灾害、经济衰退、通货膨胀等，不能通过多角化投资来分散，因此，又称不可分散风险或系统风险。

2. 企业特有风险（非系统风险、可分散风险）

这是指发生于个别企业的特有事项造成的风险，如罢工、诉讼失败、失去销售市场等。这类事件是随机发生的，可以通过多角化投资来分散。这类风险也称可分散风险或非系统风险。

按风险形成的原因，可将企业特有风险进一步分为经营风险（营业风险）和财务风险（筹资风险）。经营风险（营业风险）是指由于生产经营方面的原因给企业盈利带来的不确定性。财务风险（筹资风险）是指由于举债给企业财务带来的不确定性。

（三）企业财务决策的类型

1. 确定性决策

投资者对未来的情况是完全确定的或是已知的决策，称为确定性决策。

2. 风险性决策

投资者对未来的情况不能完全确定，但对其出现的可能性或概率的具体分布是已知的或可以估计的，这种情况下的决策称为风险性决策。

3. 不确定性决策

投资者对未来的情况不能完全确定，而且对其出现的概率也不清楚，这种情况下的决策称为不确定性决策。

二、风险报酬的概念

投资者因冒风险进行投资而获得的超过时间价值的那部分额外报酬，称为风险报酬或风险价值、风险收益。风险报酬有两种表示形式：风险报酬额和风险报酬率。

投资者进行风险投资而要求或期望的投资报酬率（K），应为无风险报酬率（RF）和风险报酬率（RR）之和，即：

$$期望投资报酬率(K) = 无风险报酬率(RF) + 风险报酬率(RR)$$

如果不考虑通货膨胀的话，无风险报酬率可用货币时间价值表示。

三、单项资产的风险报酬衡量

风险客观存在，广泛地影响着企业的财务和经营活动，因此，正视风险，将风险程度予以量化是财务管理的一项重要工作。风险与概率直接相关，并与同期望值、标准离差、标准离差率等发生联系，因此对风险进行衡量时要考虑这几个指标值。

（一）确定收益的概率分布

概率是用百分数或小数来表示随机事件发生可能性及出现结果可能性大小的数值。

（二）计算期望值

期望值是一个概率分布中的所有可能结果，以各自相对应的概率为权数计算的加权平均值，其计算公式为：

$$K = \sum_{i=1}^{n} K_i P_i$$

式中，K_i 表示随机事件的第 i 种结果，P_i 表示出现第 i 种结果的相应概率。

（三）计算标准离差（反映离散程度）

离散程度是用以衡量风险大小的指标，表示随机变量离散程度的指标主要有方差、标准离差和标准离差率等。标准离差的公式如下：

$$\delta = \sqrt{\sum_{i=1}^{n} (K_i - K)^2 P_i}$$

在期望值相同的情况下，标准离差越大，风险越大；相反，标准离差越小，风险越小。

（四）标准离差率

$$V = \delta / k$$

一般情况下，标准离差率越大，风险越大；相反，标准离差率越小，风险越小。

应遵循以下决策原则：

对于单一方案，标准离差（或标准离差率）低于预定最高限。对于多方案，选择低风险、高收益的方案；对于高风险、高收益方案，要权衡收益与风险，要视决策者对待风险的态度而定。

（五）风险报酬率

标准离差率虽然能评估投资风险程度的大小，但不是风险报酬率。要计算风险报酬率，必须借助于风险报酬系数。风险报酬系数（b）是指某项投资的风险报酬率相对于其标准离差率的比率，即承担单位风险要求获得的风险报酬。

风险报酬系数可以根据以往同类项目加以确定，由企业领导或企业组织有关专家确定，或者由国家有关部门组织专家确定。

风险报酬率、风险报酬系数和标准离差率之间的关系可用公式表示如下：

$$RR = b \times V$$

$$投资的总报酬率 K = RF + RR = RF + b \times V$$

例：某企业有 A、B 两个投资项目，计划投资额均为 1000 万元，其收益（净现值）的概率分布如下表所示：

经济情况	发生概率	各种情况下的预期收益率（%）	
		A	B
繁荣	0.2	200	300
正常	0.6	100	100
衰退	0.2	50	−50

（1）分别计算 A、B 两个项目净现值的期望值。

解：

A 项目：$200 \times 0.2 + 100 \times 0.6 + 50 \times 0.2 = 110$（万元）

B 项目：$300 \times 0.2 + 100 \times 0.6 + (-50) \times 0.2 = 110$（万元）

（2）分别计算 A、B 两个项目期望值的标准差。

解：

A 项目：$\sqrt{(200-110)^2 \times 0.2 + (100-10)^2 \times 0.6 + (50-110)^2 \times 0.2} = 48.99$

B 项目：$\sqrt{(300-110)^2 \times 0.2 + (100-110)^2 \times 0.6 + [(-50)-110]^2 \times 0.2} = 111.36$

（3）风险价值系数为 8%，分别计算 A、B 两个项目的风险收益率。

解：

A 项目的标准离差率 = 48.99/110 = 44.54%

B 项目的标准离差率 = 111.36/110 = 101.24%

A 项目的风险收益率 = 8% × 44.54% = 3.56%

B 项目的风险收益率 = 8% × 101.24% = 8.10%

（4）若当前短期国债的利息率为3%，分别计算A、B两个项目的投资收益率。

解：

A项目的投资收益率 = 3% + 3.56% = 6.56%

B项目的投资收益率 = 3% + 8.10% = 11.10%

（5）判断A、B两个投资项目的优劣。

解：由于A、B两个项目投资额相同，期望收益（净现值）亦相同，而A项目风险相对较小（其标准离差小于B项目），故A项目优于B项目。

四、风险对策

（一）规避风险

当风险所造成的损失不能由该项目可能获得的收益予以抵销时，应当放弃该项目，以规避风险。例如，拒绝与不守信用的厂商业务往来，放弃可能明显导致亏损的投资项目。

（二）减少风险

减少风险主要有两方面的意思：一是控制风险因素，减少风险的发生；二是控制风险发生的频率和降低风险损害程度。

（三）转移风险

对可能给企业带来灾难性损失的项目，企业应以一定代价，采取某种方式转移风险，如向保险公司投保，采取合资、联营、联合开发等措施实现风险共担，通过技术转让、租赁经营和业务外包等实现风险转移。

（四）接受风险

接受风险包括风险自担和风险自保两种。风险自担，是指风险损失发生时，直接将损失摊入成本或费用，或冲减利润；风险自保，是指企业预留一笔风险金或随着生产经营的进行，有计划地计提资产减值准备等。

第六章　财务报表相关知识

第一节　资产负债表

资产负债表用于记录一家企业在特定时间点的财务状况。资产负债表由资产、负债和所有者权益三个部分组成，用于显示企业的资源、负债以及所有者权益的组成和量度。

一、资产负债表的组成要素

（一）资产

资产是企业拥有的经济资源，可以分为流动资产和非流动资产两部分。流动资产包括现金、应收账款、存货等可以在短期内转化为现金的资产。非流动资产包括长期投资、固定资产等需要持有一段时间才能变现的资产。

（二）负债

负债是企业欠他人的债务，可以分为流动负债和非流动负债两部分。流动负债包括短期借款、应付账款等需要在一年内偿还的债务。非流动负债包括长期借款、应付债券等需要在超过一年的时间内还清的债务。

（三）所有者权益

所有者权益是企业所有者对企业资产净值的权利，包括股本、留存收益等。股本是企业的实收资本，包括股东的投资和资本公积等。留存收益是企业自成立以来未分配的收益。

资产负债表可以帮助企业和其他利益相关者了解企业的财务状况和偿债能

力，为企业的管理和投资决策提供重要的参考和基础数据。

二、资产负债表的基本结构及其作用

（一）资产负债表的基本结构

资产负债表包括表头、基本内容和补充资料等。

1. 表头

资产负债表的表头包含编报企业的名称、报表的名称、报表所反映的日期、金额单位及币种等内容。

2. 基本内容

资产负债表列示资产、负债及所有者权益等内容。

在资产方，按照资产变现能力的强弱，将资产分为流动资产和非流动资产；在负债与所有者权益方，则依据负债需要偿还的先后顺序，将负债分为流动负债和非流动负债。所有者权益则列示在负债的下方。此种格式与"资产＝负债＋所有者权益"的会计等式是完全吻合的。

3. 补充资料

补充资料包括一些在基本内容中未能提供的重要信息或未能充分说明的信息，主要在报表附注中列示。

（二）资产负债表的作用

资产负债表有助于分析和评价企业的偿债能力、营运能力、盈利能力，并有助于解释、评价和预测企业的财务状况质量和未来发展趋势，以及了解和判断企业有关方面战略的制定与实施情况，透视企业的管理质量。

三、资产负债表相关的比率分析

财务比率分析是通过对财务报表上若干重要项目的相关数据进行相互比较，计算出相关的财务比率，用以分析和评价企业财务状况和经营成果的一种方法。由于进行财务分析的目的不同，各类信息使用者所采取的侧重点会有所不同。每一个比率由于所使用的项目不同，说明企业财务状况某一方面的问题也各不相同。

（一）短期偿债能力比率

1. 流动比率

$$活动比率 = \frac{流动资产}{流动负债}$$

流动比率反映企业运用其流动资产偿还流动负债的能力。传统教科书认为，将其保持在2∶1左右是比较适宜的。但这只是一个经验数据。由于所处行业及季节性因素，或者企业处在不同的发展阶段，这一数据会有很大的差别。

2. 速动比率

$$速动比率 = \frac{速动资产}{流动负债}$$

速动资产是指可以及时的、不贬值的转换为可以直接偿债的货币资金的流动资产。传统教科书通常认为，一个企业的速动比率为1∶1是恰当的，在这种情况下，即便是流动负债要求同时偿还，也有足够的资产维持企业的正常生产经营。

3. 现金比率

现金比率是指企业的现金类资产与流动负债之间的比率，通常有两种计算方法：一种是按货币资金与流动负债之比计算的现金比率，也称货币资金比率；另一种是按现金及现金等价物与流动负债之比计算的现金比率。

$$现金比率 = \frac{现金及现金等价物}{流动负债}$$

（二）长期偿债能力比率

1. 资产负债率

资产负债率是企业负债总额与资产总额的比率，表示企业全部资金来源中有多少是出自举借债务。这个指标也是衡量企业财务风险的主要指标。

$$资产负债率 = \frac{负债总额}{资产总额} \times 100\%$$

2. 资产金融性负债率

资产金融性负债率也可以称为资产有息负债率，反映的是企业直接从银行等金融机构取得的借款等有息负债与资产总额之间的对比关系，是用来评价企业偿债能力的一个非常实用的指标。

$$资产金融性负债率 = \frac{金融性负债}{资产总额} \times 100\%$$

3. 产权比率

产权比率反映的是企业的负债与所有者权益之间的对比关系，反映由债权人提供的借入资金与所有者提供的自有资金的相对关系。

$$产权比率 = \frac{负债}{所有者权益}$$

四、资产项目质量分析

应通过对资产进行安排与使用，使其预期效用能够最大化。因此，资产的质量就是指资产在特定的经济组织中实际所发挥的效用与其预期效用之间的吻合程度。

（一）资产项目质量特征

所谓资产项目的质量特征，是指企业针对不同的资产项目，根据其自身具有的属性和功用所设定的预期效用。由于流动资产、对外投资、固定资产各自的功用不同，故企业对各类资产预期效用的设定也各不相同，因而资产不同的项目应具有各自的质量特征。

1. 资产的盈利性

资产的盈利性是指资产在使用的过程中能够为企业带来经济效益的能力，它强调的是资产能够为企业创造价值的这一效用。资产的盈利性是资产的内在属性，是其存在的必然所在。资产的盈利性在一定程度上决定了企业进行扩大再生产的能力，进而决定了企业的盈利能力及盈利质量。

2. 资产的周转性

资产的周转性是指资产在企业经营运作过程中被利用的效率和周转速度，它强调的是资产作为企业生产经营的物质基础而被利用的效用。

资产只有在企业的日常经营运作过程中被利用，其为企业创造价值的效用才能得以体现。在同一行业，相同资产的周转速度越快，说明该项资产与企业经营战略的吻合度越高，对该资产利用越充分，企业赚取收益的能力越强。

3. 资产的保值性

资产的保值性是指企业的非现金资产在未来不发生减值的可能性。

（二）流动资产项目质量分析

1. 应收票据质量分析

在我国，应收票据是指企业因赊销产品、提供劳务等，在采用商业汇票结算方式下收到的商业汇票（目前主要是银行承兑汇票）而形成的债权。在分析应收票据的质量特征时，在强调其具有较强的变现性的同时，必须关注其可能给企业的财务状况造成的负面影响。对企业而言，已贴现的商业汇票就是一种"或有负债"，若已贴现的应收票据金额过大，也可能会对企业的财务状况带来较大影响。

2. 应收账款质量分析

应收账款是指企业因赊销商品、材料、提供劳务等业务而形成的商业债权。企业赊销商品，就是向购买方提供商业信用。然而，企业应收账款规模越大，其发生坏账（不可回收的债权）的可能性也越大。

（1）应收账款规模的真实性和合理性分析。一般情况下，应收账款规模应与企业经营方式、所处行业和采用的信用政策有直接联系。如果用常理解释不通，就要警惕该企业是否存在虚构交易，通过将虚假的收入在应收账款中挂账，达到粉饰当期业绩的目的。

（2）应收账款的保值性分析。应收账款的保值性分析是指对坏账准备计提情况以及计提政策的恰当性进行分析。由于资产负债表上列示的是应收账款净额，因此，在分析应收账款的质量时要特别关注应收账款的保值性。企业的应收账款是否发生减值以及减值程度的大小取决于该项目预计未来现金流量的现值，而不再过分强调所采用的坏账准备计提方法。当然，在实务中，企业仍可使用账龄分析等方法对坏账准备加以估计，而变更坏账准备的计提方法和比例往往还有不可告人的目的，因此通过阅读会计报表的相关附注，结合当年的实际业绩，有助于判断其变更的合理性，从而在一定程度上判断该项目的保值质量。

3. 存货质量分析

存货是指企业在正常生产经营过程中持有以备出售的产品或商品，或者为了出售仍然处在生产过程中的在产品，或者将在生产过程或提供劳务过程中耗用的材料、物料用品等。

（1）存货的构成及规模恰当性分析。存货是企业一大类具有相同或相似特征的流动资产的总称，其构成繁简不一。各种存货在规模上的变化可以相互抵消，若只考察存货总规模，很可能会掩盖诸多具体情况和问题，因此在分析时应关注存货的具体构成情况及其规模变动背后潜藏的管理信息。

（2）存货的盈利性分析。存货的盈利性分析用于考察毛利率水平及走势。对于传统行业的企业而言，其毛利率会在很大程度上反映企业在日常经营活动中的初始获利空间，也可以体现出存货项目的盈利性。充分竞争的行业，毛利率水平平均化，接近行业平均水平、年水平。若毛利润出现巨幅波动，则表明存在人为调整存货或者低转（高转）成本、改变存货计价和盘存等。

（3）存货的周转性分析。存货的周转性分析用于考察存货周转率。存货周转率是一个动态的内部管理指标，反映一定时期的存货流转的速度。

$$存货周转率 = \frac{营业成本}{平均存货水平}$$

企业关注的焦点在于减少存货和加速流转。减少存货可以有效减少资金占用和降低经营风险，改善公司的财务状况和提高抵抗风险的能力。加速流转可以有效提高公司的盈利能力，从而创造更多的价值。

（4）存货的保值性分析。存货的保值性分析考察存货的期末计价和计提存货跌价准备的合理性。会计准则规定，存货的期末计价采用成本与可变现净值孰低法，对于可变现净值低于成本的部分，应当计提存货跌价准备。存货跌价准备在质量方面的含义是：它反映了企业对其存货贬值程度的认识水平和企业可接受的贬值水平。在通过对存货跌价准备计提的分析，考察存货的保值性时，应首先对其计提的合理性进行判断。

（三）非流动资产项目质量分析

非流动资产是指企业资产中变现时间在一年以上或长于一年的一个营业周期的那部分资产，其预期效用主要是满足企业正常的生产经营需要，保持企业适当的规模和竞争力，获取充分的盈利。下面主要从其盈利性、周转性以及保值性等方面来分析非流动资产的质量。

1. 固定资产质量分析

固定资产是指为生产商品、提供劳务或经营管理而持有的、使用寿命超过一个会计年度的有形资产。其中，使用寿命是指企业使用固定资产的预计期间，或者该固定资产所能生产产品或提供劳务的数量。

一般来说，企业的固定资产的财务效应呈现出以下特点：长期拥有并在生产经营中持续发挥作用；投资数额大，经营风险也相对较大；其规模和结构反映企业生产的工艺特点和技术装备水平；固定资产折旧以及减值准备计提等会计处理对企业的盈利能力和财务状况影响巨大。固定资产在资产结构中所占的比重带有浓厚的行业色彩，据此可分为重资产行业和轻资产行业。

一个企业拥有的固定资产的规模和先进程度可以在一定程度上揭示企业的生产能力和生产工艺，也可以反映该企业在行业中的相对竞争实力和竞争地位。

固定资产利用率和利用效果的大小与企业不同的发展阶段、不同的历史时期及不同的客观经济环境有着直接的联系。因此，固定资产质量有极大的相对性。

在对固定资产的质量进行分析时，也可以从盈利性、周转性和保值性三个维度着手，但同时还要关注有可能对固定资产质量产生影响的各个方面，如固定资产的取得方式、分布与配置、规模与变化等。对这些方面的分析将有助于了解企业的商业模式，透视企业在固定资产投资方面的战略实施等情况、固定资产规模的恰当性及其年内的变动情况。

（1）固定资产的投资规模。固定资产的投资规模必须与企业整体的生产经营水平、发展战略以及所处行业的特点相适应，同时应与企业的流动资产规模保持一定的比例关系。如果企业盲目购置新设备，盲目扩大生产规模，就有可能造成资源的低效利用，甚至浪费。而过小的投资规模或过于陈旧的设备又难以保证企业生产的产品能满足市场的需求，也会影响企业整体的获利水平。因此，应科学制定固定资产的采购与处置决策，把固定资产规模控制在恰当的水平。

固定资产规模的恰当性及其年内的变动情况分析如下：固定资产原值年内的变化在一定程度上折射出企业固定资产整体质量发生变化的情况，也能反映出企业战略实施与调整方面的信息，还可以进一步上升到管理质量层面。企业固定资产原值的变化应该朝着优化企业内部固定资产结构、改善企业固定资产质量、提高企业固定资产利用效果的方向发展。分析企业年度内固定资产的规模、结构变化与生产经营特点之间的吻合程度，以及与企业发展战略之间的吻合程度，便可以透视其背后所隐藏的企业管理质量方面的信息。

（2）固定资产分布（结构）和配置的合理性分析。固定资产分布的合理性是指企业的生产用和非生产用固定资产应保持在一个恰当的比例，即生产用的固定资产要全部投入使用，能满负荷运转，并能完全满足生产经营的需要，而非生产用固定资产能担负起服务的职责。

固定资产配置的合理性主要体现在以下几个方面：固定资产技术装备的先进程度要与企业的行业选择和行业定位相适应；固定资产的生产能力要与企业存货的市场份额所对应的生产能力相匹配；固定资产的生产工艺水平要达到能够使产品满足市场需求的相应程度。

固定资产分布（结构）和配置的合理性分析如下：关于分布和配置的合理性，要根据企业报表附注的相关说明，结合企业的生产经营特点、技术水平和发展战略等因素来综合分析。可以简单地将固定资产的相对规模（固定资产占总资产的比重）和固定资产的内在结构（固定资产内部各具体项目所占比重）与同行业的平均水平进行比较。

（3）固定资产的盈利性分析。固定资产是企业生存发展的物质基础，反映企业的技术装备水平和竞争实力。企业的固定资产质量对企业整体盈利能力影响的分析思路是，固定资产产生存货，存货销售获取营业收入，营业收入创造核心利润，核心利润最终带来经营活动产生的现金流量净额。通过存货的生产规模和销售规模，考察固定资产的生产能力（即产能利用情况），通过营业成本和存货规模的比较，考察产品的市场开拓能力；通过营业成本和营业收入的比较（毛利率），考察产品的初始获利能力；通过营业收入与核心利润的比较，考察产品的最终获利能力；通过核心利润与经营活动产生的现金流量净额的比较（核心利润含金量），考察产品当期对企业的实际贡献。

（4）固定资产的周转性分析。固定资产的周转性衡量的是企业一定规模的固定资产推动其营业收入的能力与效率。

$$固定资产周转率 = \frac{营业收入}{固定资产（原值）平均余额}$$

周转率越高，说明固定资产的利用效率越高，对企业效益的推动作用就越大。固定资产的分布、配置和生产工艺等诸多方面在很大程度上都会受行业影响，因此同行业企业的固定资产周转率往往趋于一致。

（5）固定资产的保值性分析。固定资产是长期债务的直接物质保障，因此其数量、结构、完整性和先进性都直接制约着企业的长期偿债能力。

有增值潜力的固定资产包括土地（无形资产）、房屋建筑物等。无增值潜力（贬值）的固定资产可能是由于技术进步较快引起的，也可能是由于资产本身价值状况较好，但在特定企业不可能得到较充分利用的原因引起的，如不需用固定资产。

对于固定资产的期末计提减值准备，固定资产的可回收金额根据固定资产的公允价值减去处置费用后的净额与固定资产预计未来现金流量的现值两者之间的较高者确定。

固定资产的初始入账、折旧以及减值等一系列环节所选择的会计政策的恰当性，都会直接影响固定资产的质量分析结果。

①分析折旧政策选择的恰当性对固定资产净值的影响：企业选择折旧方法应以企业的实际情况和行业惯例为基础，一经确定，不得随意变更。

②分析减值政策的恰当性对固定资产账面价值的影响：固定资产的可回收金额是建立在一定的估计和判断的基础之上，因此何时计提减值及计提多少存在一定的主观性。

2. 无形资产与商誉质量分析

无形资产是指企业拥有或者控制的、没有实物形态的可辨认非货币性资产，包括专利权、非专利技术、商标权、著作权、土地使用权、特许经营权等。由于商誉属于不可辨认资产，因此不属于无形资产，只能算作"无形项目"。这类资产不具有实物形态，属于非货币性长期资产，为企业使用而非出售，在创造经济利益方面存在较大的不确定性。

（1）无形资产会计披露的特点。大多数无法预计未来收益期长短的无形资产不需要按成本进行摊销，只需要按谨慎性原则，每年年末进行减值测试。对无形资产进行质量分析时，要考虑账内无形资产项目的不充分性、价值的不确定性以及账外无形资产存在的可能性等因素。

（2）无形资产的盈利性分析。报表中反映的无形资产的价值与其当初取得的成本直接相关，而一些无形资产的内在价值已经远远超出了账面价值。不同项目的无形资产的属性相差悬殊，其盈利性也各不相同，因此不可一概而论。一般来说，专利权、商标权、著作权、土地使用权、特许经营权等无形资产由于有明确的法律保护的时间，因此其盈利性相对较为容易判断。而像专有技术等不受法律保护的项目，其盈利性就不太好确定，同时也容易产生资产泡沫。无形资产只有与固定资产或存货等有形资产进行适当组合，才能正常发挥其作用，为企业盈利作出贡献。所以，无形资产与其他资产组合的过程中所释放的增值潜力的大小，直接决定了无形资产的盈利性和质量。

（3）无形资产的保值性分析。可以通过分析企业无形资产减值准备的计提情况来分析判断企业所拥有的各项无形资产的保值性。当然，在分析时还要注意无形资产减值准备计提的合理性。现行准则规定，无形资产减值准备一经计提，在以后期间不得任意转回，这会在一定程度上杜绝企业利用无形资产减值准备的计提来操纵利润的行为发生。

五、负债质量分析

负债是指企业在某一特定日期承担的、过去的交易或者事项形成的、预期会导致经济利益流出企业的现时义务。在会计报表上，负债按其偿还期的长短，分为流动负债和非流动负债。流动负债是指将在 1 年（含 1 年）或超过 1 年的一个营业周期内偿还的债务。

（一）流动负债的强制性分析

强制性可以理解为流动性，即需要偿还的压力和时间长短。如果不对流动负债的内部成分按照强制性进行区分与分析，会高估企业的流动性风险。

对于预收款项、部分应付账款以及其他应付款等，由于某些因素的影响，不必当期偿付，或者不必用现金偿付，实际上并不构成对企业短期付款的真实压力，属于非强制性债务。

此外，有些流动负债项目，如应付职工薪酬和应交税费，在企业经营规模和经营业绩不出现太大波动的情况下，这些项目的期末余额会保持相对稳定，因此会形成一定的"债务沉淀"。

1. 企业短期贷款规模可能包含的融资质量信息

在实践中，企业资产负债表期末短期借款的规模可能表现为远远超过实际需求数量的现象，即一方面存有大量的货币资金，另一方面却又大规模借款。这可以通过比较短期贷款与货币资金之间的数量关系来考察。

存贷双高的原因：（1）货币资金中含有不能随意支配的（自由度）部分；（2）分权管控模式下，汇集的货币资金规模不代表可实际自由支配的资金规模；（3）融资环境和融资行为等因素。

"短贷长投"更是企业应尽量避免的一种局面，因为稍有不慎，就有可能酿成因资金链断裂而破产的悲剧。

2. 经营性负债的规模结构及其变化所包含的经营质量信息

经营性负债又称商业债务，是在经营活动过程中产生的，包括应付账款、票据、合同负债、预收款项等。经营性负债的规模在一定程度上反映了企业对上下游的议价能力，即利用商业信用推动其经营活动的能力。

要特别关注应付票据和应付账款的规模变化及其与企业存货规模变化之间的关系。通过应付款项规模的变化，能够透视整个行业所面临的生存环境变化，甚至可能反映企业的经营管理质量和相对竞争优势。例如，在普遍采用赊购的方式下，应付账款的相对规模不断增加；在普遍采用赊购的方式下，应付票据的相对规模不断增加；预收款项与合同负债的规模变化等情况。

（二）非流动负债分析

非流动负债是指偿还期在 1 年或者长于 1 年的一个营业周期的债务，包括长期借款、应付债券、长期应付款、专项应付款、预计负债、递延所得税负债及其他非流动负债等。按照财务理论，企业的非流动负债应该是形成企业的非流动资产和短期资产（流动资产）中长期稳定部分的资金来源，它的质量也会对企业的财务状况质量产生重要影响。

1. 长期借款（以及其他非流动负债项目）的利率水平

影响长期借款利率水平的因素主要有企业的信用等级、担保方式、贷款用途、企业内部管理规范程度和经营团队具备的管理能力，以及投资项目可能带来的风险和效益等。利率水平越低，借款质量就越高。

2. 长期借款中贷款担保的方式

所采用的贷款担保方式不同，限制和约定的内容就不同。一般情况下，贷款担保的限定条件越宽松，对企业正常经营活动可能造成的影响就越小，长期借款的质量就越高。

3. 预计负债的合理性

一个或有事项是否被确认为预计负债入账，在很大程度上取决于会计人员的主观判断（包括对发生的可能性以及发生的合理规模的判断）。由于在确认预计负债时往往要确认一笔相应的费用，这样就可能出现企业利用项目操纵利润的情况。

六、所有者权益的质量分析

所有者权益是指企业资产扣除负债后，由所有者享有的剩余权益，一般包括企业所有者的投入资本（实收资本和资本公积的合计数）和留存收益（盈余公积和未分配利润的合计数）两大类。

（一）投入资本所包含的质量信息

分析投入资本时，要关注股权结构、股权性质以及股东构成情况。由于控股股东和重要的股东在很大程度上决定着企业未来的发展战略和方向，因此，应着重分析他们的背景、资源优势、自身的经营状况、投资目的等，以判断这些股东的"立场"是否与全体股东的"立场"相一致，判断其是站在全体股东的立场上真正支持企业谋求长期发展，还是站在自身立场上掏空企业而谋求自身发展。

（二）留存收益所包含的质量信息

留存收益是一个收益积累的概念，可以视为股东对企业的再投资。在考虑了企业历年的股利分配政策（包括股利分配的形式以及股利分配的规模）之后，其规模大小（包括绝对规模和相对规模，在所有者权益中所占的比例）受某一年度特殊原因而导致的收益异常波动的影响相对较小，因而留存收益可以大体反映出一个企业长期以来盈利能力的基本水平。

那些资不抵债的企业一定是因为长期亏损而导致留存收益为负数，并且其绝对值超过了投入资本，从而使得所有者权益整体上出现了负值。

（三）投入资本与留存收益的比例关系所包含的质量信息

投入资本总额大致反映了企业所有者对企业进行的累计投资规模，而留存收益则大致反映了企业从最初成立以来的自身积累规模。因此，在企业没有大规模进行转增资本的情况下，通过计算投入资本与留存收益之间的比例关系，就可以揭示出企业主要的自有资金来源，由此评价企业的资本充足性、自身积累和自我发展能力。

七、资本结构质量分析

融资结构的合理性在很大程度上影响着公司运营的效益和风险，而公司股权结构所确定的公司控制权结构则制约了公司治理模式，决定了公司的发展方向。公司的股权结构及其控制权结构特征对公司的运行与发展具有根本性影响。

（一）资本成本与投资效益的匹配性

只有当体现企业投资效益的资产报酬率大于企业的综合资本成本时，企业才能在向资金提供者支付报酬以后获得适当的净利润。

（二）资本的期限结构与资产结构的协调性

从期限构成的角度来看，企业资本（资金来源）中的负债项目按照偿还期限长短，分为流动负债与非流动负债两部分，而所有者权益项目则属于企业获取的永久性资本。

在企业用短期资金来源支持长期资产和永久性流动资产的情形下，企业就有可能会出现"短融长投"现象，将承受较大的短期偿债压力。

一般情况下，当企业资本的期限结构与资产结构相互协调时，企业的经营和资金周转就会比较顺畅，资本结构才能表现出较高的质量。

（三）资本结构面对企业未来资金需求的财务弹性

虽然企业可通过提高财务杠杆比率获得明显的财务杠杆效应和抵税效应，从而有助于提高企业价值，但在过高的财务杠杆比率下，企业财务上将面临两个主要压力：一是不能正常偿还到期的债务本金和利息；二是在企业亏损的情况下，可能由于所有者的权益比重相对较小而使企业的债权人受到侵害。一般情况下，具有过高的财务杠杆和财务风险的资本结构，会因适应企业未来资金需求的财务弹性较差而表现出相对较差的资本结构质量。

（四）资本结构所决定的利益相关者之间的和谐性

企业各资源提供者为提高企业价值这一目标而相互合作，构成了一个利益共同体。利益相关者之间的和谐性决定了企业的长期可持续发展。

在利益相关者的产权与控制权博弈过程中，企业的资本结构总会发生变动。不和谐的资本结构与公司治理结构会导致主要股东变动频繁，股东间冲突不断，股东与管理层矛盾重重，董事会内部不和谐（有些是独立董事频繁变更），董事会议遭股东大会否决，大股东利用关联交易占用或转移公司资金和利润等情况。

第二节　利润表

利润表是一种财务报表，用于记录企业在特定时间段内的经营收入和支出情况。在创业中，制作和分析利润表对企业的经营管理和投资决策具有重要的作用。

一、利润表的主要内容

（一）收入

收入是企业在一定期间内实现的所有销售和服务费用收入。收入是企业盈利的主要来源，同时还可以反映企业的营销能力和市场占有率。

（二）成本

成本是指企业生产和销售产品或提供服务的实际成本，包括直接成本和间接成本。直接成本包括原材料、人工和制造费用等与产品生产直接相关的成本。间接成本包括管理费用、销售费用等与产品生产间接相关的费用。

（三）毛利润

毛利润是指企业的收入减去直接成本后的利润。毛利润反映了企业的核心盈利能力，同时也可以反映企业的成本控制和产品质量等因素。

（四）营业利润

营业利润是指企业在扣除所有费用和税费后的利润。营业利润反映了企业在经营过程中的全面盈利能力。

（五）净利润

净利润是指企业在扣除所有成本、费用和税费后的实际盈利。净利润反映了企业的全面盈利能力和经营风险。

利润表可以帮助企业了解自己的盈利状况和利润水平，为企业的经营管理和投资决策提供重要的参考和基础数据。通过分析利润表，企业可以了解哪些产品或服务的利润较高，哪些成本和费用可以控制，以及如何优化销售和生产策略等。

二、利润表的基本结构

利润表通常包括表头、表身和补充材料。其中，表头列示了编制单位、报表日期、货币计量单位等；表身是利润表的主体部分，主要反映收入、费用和利润各项目的具体内容及其相互关系；补充资料列示或反映了一些在主体部分中未能提供的重要信息或未能充分说明的信息，这部分资料通常在报表附注中列示。

常见的利润表结构主要有单步式和多步式两种。在我国，企业利润表采用的基本上都是多步式结构，即通过对当期的收入、费用等项目按照性质加以归类，按照利润形成的主要环节列示一些中间性利润指标，分步计算当期净损益，通过营业利润、利润总额、净利润和综合收益四个层次来分步披露企业的收益，详细地揭示企业收益的形成过程。

对于利润表，需要注意以下内容：（1）企业经营日益多元化，主营业务与其他业务经常动态地交织在一起，很难划分，因此不再对其进行主营业务和其他业务的区分。（2）利润表中的营业收入中的"营业"和营业利润中的"营业"概念完全不一致。营业收入仅指从事销售商品、提供劳务让渡资产使用权的日常经营业务过程中形成的经济利益的总流入。而营业利润的范围更广，既包括对产品或劳务的经营，也包括资产减值损失等与管理决策有关的项目，还包括对外投资活动产生的投资收益、政府补助及资产处置收益等。

三、利润的计算公式

毛利润 = 营业收入 − 营业成本

核心利润 = 毛利润 − 税金及附加 − 销售费用 − 管理费用 − 研发费用 − 财务费用

= 营业收入 − 营业成本 − 税金及附加 − 销售费用 − 管理费用 −

研发费用 − 财务费用 − 资产(和信用)减值损失

核心利润代表企业自身经营活动所带来的利润。

营业利润 = 核心利润 + 利息收入 − 资产(和信用)减值损失 + 其他收益 +

资产处置收益 + 公允价值变动收益 + 投资收益

= 核心利润 + 其他收益 + 资产处置收益 + 公允价值变动收益 + 投资收益

利润总额 = 营业利润 + (营业外收入 − 营业外支出)

净利润 = 利润总额 − 所得税费用

综合收益总额 = 净利润 + 其他综合收益的税后净额

四、利润表的作用

利润表有助于解释、评价和预测企业的经营成果和盈利能力，以及偿债能力；评价企业经营战略的实施效果；评价和考核经营者的经营业绩；有助于企业进行更为科学的经营决策。

五、利润表的有关比率分析

（一）偿债能力分析

1. 利息保障倍数

$$利息保障倍数 = \frac{息税前利润}{利息费用}$$

一般教科书认为利息保障倍数这个指标可以反映企业的偿债能力，但实际上企业偿还利息的能力至少在短时间内应主要取决于企业的现金支付能力，而与利息保障倍数无关。

2. 固定支出保障倍数

$$固定支出保障倍数 = \frac{息税前利润}{固定支出费用}$$

这个比率是考虑到企业中除了利息费用之外，还有一些固定的支出，无论企业是否盈利都会发生，如优先股的股利、偿债基金每年要求提取的费用

（为了保证到期偿还负债而设立）等。

（二）营运能力分析

1. 应收账款周转率

$$应收账款周转率 = \frac{赊销净额}{平均应收账款}$$

分母中的平均应收账款是年初应收账款和年末应收账款之和除以 2 得到的。分子应该是通过赊销取得的收入，而应收账款是在赊销过程中产生的，所以计算应收账款周转率时应该采用赊销净额。但在实践中，常用的数据是平均收账期。

2. 平均收账期

$$平均收账期 = \frac{平均应收账款}{平均日赊销额}$$

第一，该公式假设企业的应收票据一般规模不大；第二，应收账款应该用没有减除坏账准备以前的"原值"金额（因为企业真正周转和回收的不是净值，而是原值）；第三，在实施增值税的条件下，销售额的项目还应该乘以（1＋增值税税率），这是因为债权中包括了销项增值税。

3. 商业债权周转率

$$商业债权周转率 = \frac{赊销净额}{平均应收账款 + 平均应收票据}$$

如上所述，如果企业的应收票据占商业债权的比重较大，也就是说推动营业收入的主要是应收票据而非应收账款，仍用应收账款周转率指标来衡量公司应收账款的回收速度，就会有失偏颇。

将应收票据和应收账款加在一起，通过计算商业债权周转率来反映公司债权的一般回收状况。然而，这样计算仍然有问题：应收票据和应收账款毕竟是两个债权回收保障程度不同的项目，这样直接相加等于把两个项目等同起来，也不完全恰当。但在当前财务信息披露的模式下，我们还没有找到更好的办法。

因此，只有运用报表附注，通过单独分析应收账款项目的账龄、债务人的构成等信息，才能够真正了解公司到期回款的规模和质量（具体分析见第三章资产项目质量分析部分，比较债权的期初和期末规模的变化来分析回款情况）。

4. 存货周转率

$$存货周转率 = \frac{营业成本}{平均存货}$$

分母中的平均存货可以是年、季、月平均存货，分子中的营业成本是对应的年、季、月营业成本。使用这个指标时做了如下假设：假设存货在一年当中是匀速使用的，不会发生波动。很显然，这种假设对很多企业是不适用的，因为很多企业的存货存在季节性。

实践中常用的另一个数据是存货平均周转天数。和应收账款周转天数一样，存货周转天数实际是存货周转率的另一种表达方式，是一个问题的两种表述，不过存货周转天数比存货周转率更直观，更容易理解。

$$存货周转天数 = \frac{平均存货}{平均日营业成本}$$

$$平均收账天数 + 存货周转天数 = 企业营业周期$$

为加强应收账款的管理，制定紧缩的信用政策，减少坏账发生的频率和规模，会降低存货周转率。放宽信用政策，增加了销售规模，提高了存货周转率，但是增加了坏账的风险，降低了应收账款周转率。所以，存货周转率和应收账款周转率两者之间存在此消彼长的关系，要在两者之间加以权衡，强调企业资金整体运用效率的提升，以求缩短企业营业周期。

5. 经营性资产周转率

$$经营性资产周转率 = \frac{营业收入}{平均经营性资产}$$

计算经营性资产周转率来考察企业自身经营活动中的资金整体运用效率会更全面。平均经营性资产是经营性资产期初余额和期末余额之和除以2得到的。由于只有经营性资产才能带来营业收入，创造核心利润，因此，通过经营性资产周转率的计算来考察企业经营性资产的周转效率，可以去除投资性资产的干扰，更加客观、直接地反映出企业管理层在自身的经营活动中对资产运营效率的管理能力。

6. 固定资产周转率

固定资产体现了企业的生产经营规模和技术装备水平，是企业在生产经营过程中生产产品和带来营业收入的主要手段。该指标可以粗略计量企业固定资产创造收入的能力，反映管理层管理企业固定资产运营的能力。

$$固定资产周转率 = \frac{营业收入}{固定资产原值}$$

平均固定资产原值是期初固定资产原值和期末固定资产原值之和除以 2 得到的。需要说明的是，有些教科书用固定资产净值来计算此指标。我们认为，体现企业固定资产规模的不是净值，而是原值。因此，用原值计算出来的周转率可以恰当地反映企业对固定资产的运用状况。

7. 总资产周转率

$$总资产周转率 = \frac{营业收入}{平均总资产}$$

平均总资产是期初总资产和期末总资产之和除以 2 得到的，这个指标可以粗略计量企业资产创造收入的能力，反映企业管理层管理企业资产的能力。但是，资产的组成很复杂（如投资性资产就不创造营业收入），所以这个指标只是一种粗略的描述，还要具体考虑企业资产的具体构成情况，才能做出合理细致的评价（如采用经营性资产周转率）。此指标是基于企业属于经营主导型这一前提。

（三）盈利能力分析

评价企业盈利能力的指标有很多，主要有三类：第一类是经营活动赚取利润的能力；第二类是企业的资产对企业利润的贡献能力；第三类是企业给股东带来的投资回报。

1. 毛利率

$$毛利率 = \frac{毛利}{营业收入}$$

这个比率用来计量管理者根据产品成本进行产品定价的能力，也就是企业的产品还有多大的降价空间，反映企业初始的获利空间。

影响毛利率的因素：（1）与所处的行业有关，是否具有行业壁垒，以及行业壁垒有多宽、多深；（2）与企业所选择的战略有关，是"高举高打"式的差异化战略，还是"薄利多销"式的成本领先战略；（3）与企业所处的行业中的竞争地位有关，竞争地位由企业的产品质量、品牌传承、管理水平等一系列因素引起。

2. 核心利润率

因为利润表中形成营业利润的其他收益、公允价值变动收益、投资收益以及资产处置收益等与营业收入没有直接的关系，并不是企业开展经营活动所谋求的经营成果。

$$核心利润率 = \frac{核心利润}{营业收入} \times 100\%$$

因此，只有将核心利润与营业收入相比较，而非将营业利润或利润总额或净利润与营业收入相比较，才能更加客观地评价管理层在经营活动中的经营绩效和管理能力。

3. 核心利润获现率

$$核心利润获现率 = \frac{经营活动产生的现金流量净额}{核心利润}$$

衡量企业自身经营活动的盈利能力还应从质量维度考察企业盈利的含金量和持续性。其中，核心利润的含金量可以通过核心利润获现率来进行考察。在实务中，一般认为具有持续较高核心利润获现率的企业质量更优。

4. 总营业费用率

$$总营业费用率 = \frac{总营业费用}{总营业收入}$$

这里的总营业费用一般不考虑财务费用（因为财务费用与经营环节无关，是企业理财活动带来的结果），仅包含销售费用、管理费用和研发费用等。这个比率可以与企业之前期间的该比率进行比较，找出企业成本控制的变化情况，以进一步了解企业的经营策略。此外，还可以和企业所在行业的平均值或者相似企业的这一比率进行比较，以了解企业所在行业的情况和企业在该行业的地位。

5. 销售净利率

$$销售净利率 = \frac{净利润}{营业收入}$$

这个比率用来衡量企业营业收入给企业带来利润的能力。比率较低，表明企业经营管理者未能创造出足够多的营业收入，或者没有成功地控制成本。该指标可以衡量企业总的经营管理水平，但前提是，在企业净利润中自身经营活动所带来的核心利润占比较大的情况下才有意义，否则无意义。

6. 经营性资产报酬率

$$经营性资产报酬率 = \frac{核心利润}{平均经营性资产}$$

由于企业自身经营活动动用经营性资产，创造核心利润，因此该比率可以反映企业管理层利用经营性资产在经营活动中创造价值的能力，是对企业经营活动获利能力的考察。

7. 总资产报酬率

$$总资产报酬率 = \frac{息税前利润}{平均总资产}$$

在不考虑利息费用和纳税因素，而只考虑经营情况时，这个比率反映管理层对能够运用的所有资产管理好坏的程度，即管理层利用企业现有资源创造价值的能力。这个比率是对企业盈利能力的衡量，应排除企业的财务结构和税收等非经营因素的影响。

第三节 现金流量表

现金流量表是一种财务报表，用于记录企业在特定时间段内的现金流入和流出情况。在创业中，制作和分析现金流量表对企业的经营管理和投资决策具有重要的作用。以下介绍现金流量表的主要内容和作用。

一、现金流量表的主要内容

（一）经营活动现金流量

经营活动现金流量是指企业在正常经营活动中产生或消耗的现金流量，主要包括收取的客户款项、支付的供应商款项、支付的工资和福利等。经营活动是指企业投资活动和筹资活动以外的所有交易和事项，各类企业由于行业特点不同，对经营活动的认定存在一定的差异。

经营活动流入的现金主要包括：（1）销售商品、提供劳务收到的现金，包括销售收入和增值税税额，等于本期销售本期收到＋前期销售本期收到＋本期预收－本期退回（本期销售退回和前期销售退回）；（2）收到的税费返还；（3）收到的其他与经营活动有关的现金，如经营租赁收到的租金、罚款收入等。

经营活动流出的现金主要包括：（1）购买商品、接受劳务支付的现金，包括购货成本和增值税进项税额，等于本期购入本期支付＋前期购入本期支付＋本期预付－本期退回（本期购货退回和前期购货退回）；（2）支付给职工以及为职工支付的现金；（3）支付的各项税费；（4）支付的其他与经营活动有关的现金，如罚款支出、差旅费、业务招待费等。

（二）投资活动现金流量

投资活动现金流量是指企业在购买或出售资产和投资等活动中产生或消耗的现金流量，主要包括购买或出售资产、收到或支付的贷款、收到或支付的股息和红利等。投资活动是指企业非流动资产的构建和处置，以及不包括在现金等价物范围内的投资性资产的取得和处置活动。

投资活动流入的现金主要包括：（1）收回投资收到的现金；（2）取得投资收益收到的现金；（3）处置固定资产、无形资产和其他长期资产收回的现金净额；（4）收到的其他与投资活动有关的现金。

投资活动流出的现金主要包括：（1）构建固定资产、无形资产和其他长期资产支付的现金（含增值税款以及用现金支付的应由在建工程和无形资产负担的职工薪酬，不包括借款利息的资本化部分，此部分在筹资活动反映）；（2）投资支付的现金（反映企业取得除现金等价物以外的其他企业的权益工具、债务工具和合营中的权益所支付的现金，以及支付的佣金手续费等费用）；（3）支付的其他与投资活动有关的现金。

（三）筹资活动现金流量

筹资活动现金流量是指企业从融资活动中筹集或偿还债务的现金流量，主要包括发行或回购股票、发行或偿还债券等。

现金流量表可以帮助企业了解自己的现金收支状况和现金流量变化趋势，

为企业的经营管理和投资决策提供重要的参考和基础数据。通过分析现金流量表，企业可以了解自己的现金流量是否充足，以及如何优化现金流量管理和资金运作策略，避免资金短缺和风险。同时，现金流量表可以帮助企业的投资者和贷款人更好地了解企业的偿债能力和盈利能力，进行风险评估和投资决策。

筹资活动流入的现金主要包括：（1）吸收投资收到的现金（反映企业投资者投入的现金，包括发行股票债权筹集到的资金减去相关的佣金、手续费等，而支付的审计咨询等费用在"支付的其他与筹资活动有关的现金"项目中反映）；（2）取得借款收到的现金；（3）收到的其他与筹资活动有关的现金。

筹资活动流出的现金主要包括：（1）偿还债务支付的现金；（2）分配股利、利润或偿付利息支付的现金；（3）支付的其他与筹资活动有关的现金（发行股票债券时支付的审计咨询等费用、捐赠的现金支出）。

二、现金流量表的基本结构

现金流量表一般由表头、表身和补充资料三个部分构成。其中，表头主要列示填制或编制单位、报表日期、货币计量单位等；表身是现金流量表的主体部分，主要反映经营活动、投资活动和筹资活动分别产生的现金流入和现金流出情况；补充资料披露了一些在主体部分中未能提供的重要信息或未能充分说明的信息，这部分资料通常列示在报表附注中，主要包括将净利润调节为经营活动现金流量，不涉及现金收支的重大投资筹资活动，现金及现金等价物净变动情况等方面的信息。

三、现金流量表的作用

从编制原则来看，现金流量表按照收付实现制原则编制，将权责发生制下的盈利信息调整为收付实现制下的现金流量信息，便于信息使用者了解企业利润的"含金量"，为评价企业的支付能力和偿债能力，预测企业未来现金流量提供非常重要的依据。具体来说，现金流量表的作用主要体现在以下几个方面：有助于分析企业利润的"含金量"，评价企业的支付能力和偿债能力；有助于了解和判断企业的现金流量质量以及战略支撑能力；有助于管理者做出更为科学的经营决策。

四、现金流量表有关的比率分析

（一）偿债能力分析

1. 现金比率

$$现金比率 = \frac{现金}{流动负债}$$

由于现金是变现能力最强的资产，具有高度流动性，因此，用期末现金余额与流动负债余额进行比较，可以保守地评价企业的短期偿债能力。

2. 经营活动净现金比率

$$经营活动净现金比率 = \frac{经营活动现金净流量}{平均流动负债}$$

经营活动净现金比率反映了企业依据自身创造现金的能力所能够承担流动负债规模的大小。一般而言，该比率越高，企业承担流动负债的能力就越强；该比率越低，企业承担流动负债的能力就越弱。

3. 到期债务本息偿付比率

$$到期债务本息偿付比率 = \frac{经营活动现金净流量}{本期到期债务 + 利息支出}$$

到期债务本息偿付比率指的是企业的经营活动现金净流量对本期到期债务和利息支出对现金需要的满足程度。到期债务本息偿付比率越大，企业偿付到期债务的能力就越强；如果到期债务本息偿付比率小于1，则表明企业经营活动产生的现金不足以偿付到期债务本息，企业必须依靠投资活动与筹资活动的现金流入才能偿还债务。

（二）盈利能力分析

1. 核心利润获现率

$$核心利润获现率 = \frac{经营活动产生的现金流量净额}{核心利润}$$

该指标用来考察企业利润的含金量，是评价利润质量的一个重要方面。在不考虑行业差异和企业所处发展阶段的情况下，该指标至少要大于1。

2. 收入现金比率

$$收入现金比率 = \frac{经营活动现金净流入}{营业收入}$$

该比率反映了企业从每一单位营业收入中所实现的净现金收入，从另一个角度分析，也体现了企业对应收款项回收的效率。该比率越大，表明企业的收益质量越高，企业应收款项回收的效率越高。

3. 现金购销比率

$$现金购销比率 = \frac{购买商品接受劳务支付的现金}{销售商品出售劳务收到的现金}$$

该比率的分子和分母分别对应企业经营活动中的投入与产出。在企业正常经营的情况下，这一比率应该对应利润表中的营业成本率（成本费用总额/营业收入总额）。这一比率过大或过小，都应该引起注意。当然，企业所处发展阶段不同、信用政策不同、市场环境不同，该比率所揭示的意义也不同。

4. 经营性资产现金回收比率

$$经营性资产现金回收比率 = \frac{经营活动现金净流量}{平均经营性资产}$$

经营性资产现金回收比率反映了企业在一定时期经营性资产创造现金的能力。与同行业平均数值相比，该数值越大，表明企业经营性资产整体获取现金质量越好；该数值越小，表明企业资产整体获取现金质量越差。

5. 每股经营现金流量

$$每股经营现金流量 = \frac{经营活动产生的现金流量净额}{发行在外的普通股加权平均数}$$

每股经营现金流量反映企业为每股普通股股东获取经营现金流量的能力，目前越来越成为股东所关心的指标之一。与同行业平均数值相比，该数值越大，表明企业自身经营活动为股东获取现金的能力越强；该数值越小，表明企业自身经营活动为股东获取现金的能力越差。

第三部分

开启自己的创业之路

第一阶段　创业启动资金筹集

第七章　创业启动资金需求预测

第一节　创业启动资金概述

大学生要顺利开启创业之路，筹集创业启动资金是关键。大学生需要明确自己创业的类型与定位，综合分析各方面所需资金，保证有足够的开业资金供给，避免发生资金不足而导致企业无法正常开业运转的情况。

一、创业启动资金

创业启动资金是指创业者进行创业前期的资本投入，是项目开业期的开支。创业者可以通过专家咨询进行创业项目的行业分析，或与竞争对手进行比较来确定和准备启动资金。

二、创业启动资金包含的内容

预测创业启动资金，首先要确定资金需求大类。创业启动资金主要包括两个大的部分：一个是需要固定投入的资金，包括注册资金、办公场所及装修、厂房车间、机器设备、车辆、办公用具及办公家具等；另一个是流动资金，包括原材料及其库存、员工的工资、奖金和保险、房租、促销及宣传费，还有日常开销，如水电费、维修费、电话费、文具纸张费、维护费用和交通费等。其中，原材料、工资、房租和日常开销等项目应该预留几个月的资金量，以进行周转。

三、厂房等固定设备的投入方式选择

厂房等固定设备的投入方式有自建和租赁两种，其各有自己的优缺点。

（一）租用厂房的优劣势

1. 租用厂房的优势

（1）灵活性高。租厂房最大的优势就是相对比较灵活，比如企业在生产的过程当中，如果规模扩大了，随时可以换一个场地继续租。

（2）前期投入资金少。租厂房还有一个优势就是不用一次性投入那么多资金，只需要按季度或者按年给房东支付房租就可以。这种方式比较适合那些刚刚起步、规模并不是很大的工厂。

（3）试错成本低。租住厂房的试错成本也相对比较低，假如工厂发展不起来了，可以随时终止合同，大不了赔一笔违约金。

（4）可能享受一些补贴政策。现在很多地方都鼓励大家创业，如果入驻一些政府建设的产业园，有可能会享受一些租金优惠政策或者其他税收优惠政策。

2. 租用厂房的劣势

租用厂房劣势还是非常明显的。所谓人在屋檐下，身不由己。租房建工厂，有很多事情自己没法控制。这种劣势主要体现在四个方面。

（1）成本高。不论是做实体经济还是其他行业，租金一直以来都是企业最主要的成本之一。目前，房租占工厂经营成本的比重通常都能达到10%以上，个别地方甚至有可能达到20%以上，这大大增加了企业的负担。

（2）租金年年涨。本来房租就很高，但还会年年上涨。过去几年里，在整体楼市上涨的大背景之下，很多房东的租金一年涨一次，而且有些年份的涨幅甚至可能达到10%以上。而持续不断上涨的房租，进一步增加了工厂的成本，所以有些工厂不堪租金压力，纷纷选择搬迁。

（3）搬迁成本高。租用别人的场地，很多事情自己无法做主，还存在房东随时有可能解约的风险，这时搬迁工厂的成本较高。这种成本不仅包括设备搬迁的成本，还包括厂房搬迁之后可能面临重新进行环评的问题，而这也是一种成本；另外就是厂房搬迁之后可能导致员工流失，这也是一种无形的成本。

（4）不确定因素多。租用别人的场地，总会面临各种不确定因素，如房东不续约或解约，或者房东一直涨房租，也有可能让租客承受不了等。这些不确定因素会导致企业无法集中精力抓生产。

（二）自建厂房的优劣势

1. 自建厂房的优势

（1）彰显企业实力。一个企业租房和另一个企业有自己的厂房，给客户和合作伙伴的印象是不一样的，从整体来说，能够自建厂房的，实力明显要比那些租房更强一些。

（2）厂房可以用来融资。做企业免不了要借钱，但去银行贷款一般都需要抵押物，这时在申请经营性贷款的时候，就可以以工厂作为抵押获得融资。

（3）长期经营成本低。虽然自建厂房前期投入的成本比较大，但如果企业经营时间较长，比如达到 10 年以上，平均下来，自建厂房的成本要远远低于租房的成本，且越往后，边际成本越低。

（4）有升值的空间。如果厂房所在的位置比较好，还有可能有升值空间。即便是未来哪天企业做不下去了，还可以卖地，或者把厂房租给别人。

（5）经营稳定。一旦企业把工厂建立起来之后，就不用像租房那样频繁地搬迁了，这样企业就可以在一个固定的地方进行生产经营，让企业把更多的精力放在生产经营上。

（6）有利于提升企业形象。假如租房，很多东西都不能改造，但是企业自己建立厂房则可以根据企业的自身规划和设计建造厂房，无论是厂房的外形还是总体布局，都可以做到更加友好、更加漂亮，这样有利于提升企业的形象。

2. 自建厂房的劣势

（1）前期投入资金大。自建厂房投入的资金是比较大的，除了土地购置成本之外，还包括厂房的建设成本以及其他成本，这些成本少的可能几十万元，多的甚至有可能达到几个亿元。

（2）建设周期长。自建厂房有较长的建设周期。如果厂房比较大，建设周期有可能需要 3～5 年；即便是厂房比较小，也需要 1～2 年，而建设厂房的过程难免会影响企业正常的生产。

（3）手续烦琐。建设厂房可不像建设普通的商品房那么简单，需要走很多程序，需要很多部门签发文件才行，手续非常烦琐。

（4）可选择空间小。相比租房的灵活性而言，自建厂房的选择空间比较小。首先，要选择一块合适的地，且位置价格都要合理才行。但如果企业可支配的资金少，则选择的余地就很小。有时候为了降低成本，还只能跑到很远的地方去建厂房，位置就不是很好。

（5）配套可能跟不上。如果购买的土地是在一些大型工业区里，则配套较好，但如果为了节省成本，购买偏远地方的土地自建厂房，很多基础设施都可能跟不上，到时或多或少都会对企业的日常生产产生一定的影响。

综上所述，应该是租赁厂房还是自建厂房，一定要根据自身的实际情况进行选择。如果企业规模比较小，则更倾向于租厂房，最好能够在政府建设的产业园租厂房；但如果企业规模比较大，经营比较稳定，则最好是自建厂房。

四、相关概念

（一）营运资金

营运资金，又称循环资本，国外称为营运资本，是指一个企业维持日常经营所需的资金，也就是企业生产经营活动中占用流动资产的资金，即企业在经营中可供运用、周转的流动资金净额。由于营运资金是流动资产减去流动负债后的净额，因此，流动资产和流动负债的变化都会引起营运资金的增减变化。如流动负债不变，流动资产的增加就意味着营运资金的增加，流动资产的减少就意味着营运资金的减少。如流动资产不变，流动负债增加，就意味着营运资金的减少；而流动负债减少就意味着营运资金增加。在两者同时变化的情况下，只有两者抵销后的净额才是营运资金的增减净额。在一般情况下，只有一方涉及流动资产或流动负债类科目，而另一方涉及非流动资产或非流动负债类科目（如长期负债、长期投资、资本、固定资产等）的经济业务，才会使营运资金发生增减。双方都涉及流动资产或流动负债类科目的经济业务，即发生在营运资金内部项目间的业务，不会使营运资金发生增减。

（二）创业启动资金融资额

创业启动资金总额是根据自己的创业项目所预测的固定需要投入的资金和流动资金的总和，是指创业者在创业初期需要的资金总额，包括购买设备、支付租金、运营费用、人力资源费用等各种开销。

创业启动资金融资额的计算可以大致分为两个部分：首先需要确定创业者需要的总支出，然后减去创业者自身能够提供的资金或得到的资助，以得出创业启动资金需要融资额，可用以下公式表示：

创业启动资金融资需求额＝总支出－自身资金－资助

其中，总支出可以通过制定详细的创业计划和预算来确定；自身资金包括个人积蓄、财产抵押、信用贷款等；资助包括政府补贴、投资人投资等。需要注意的是，创业启动资金需求额可能会随着不同行业、地区和个人需求的不同而有所变化。创业者在制定创业计划时要充分考虑启动资金需求，并寻求专业意见，以确保资金估算的准确性。

计算创业启动资金需求额的公式会因行业和具体项目的差异而有所不同，但可以按照以下步骤进行计算：

第一步，确定需要采购或租赁的设备和材料；

第二步，计算所有开支，包括员工工资、租金、材料费用、税费等；

第三步，预测销售额，并根据销售额和利润率计算出净利润；

第四步，确定启动资金总额，将预测的开支和净利润相加。

例如，假设你准备开一家咖啡馆，需要采购咖啡机、研磨机、豆子和牛奶等材料，此外还需要租赁商铺、装修、购买家具等，你还需要支付员工工资、水电费、税费等日常开支。若所有开支总额为80万元，则启动资金需求额为80万元。

如果是开酒店呢？创业酒店启动资金需求额该怎么计算？开一家酒店需要考虑多个方面，包括酒店的类型、规模、所处的地理位置、市场需求、品牌知名度等：（1）酒店所处位置。地理位置是酒店运营的重要因素，因此需要仔细考虑所在城市的市场需求和竞争情况。例如，如果酒店位于旅游景区或商业区，那么可以预期的客源会更多，但是相应的投资成本也会更高。（2）酒店类型和规模。酒店的类型和规模也影响着酒店的运营成本和收益额。例如，豪华酒店的建设成本更高，但是可以吸引更高端的客户，从而提高收益，而中档酒店则可以通过提供更好的性价比来吸引客户。此外，酒店的规模也会影响每间酒店房间的收益额。（3）市场需求。在确定酒店类型和规模时，需要考虑市场需求。如果酒店所在的市场需求不足，那么酒店的收益将会有所下降。（4）初始投资。创业酒店初始投资包括设备采购、人员招聘、装修等，是需要考虑的成本因素。以上这些因素都对酒店的收益产生影响，因此需要进行综合考虑。可以通过行业分析、市场调查、财务预算等方式来计算创业酒店的需求额。

（三）自有资金和融资需求额

当一个人或一个企业在开始一项新项目时，需要资金来投入这个项目，这部分资金可能是自身积累，也可能是通过向银行、投资人等融资渠道申请获得的，这里的"自有资金"和"融资需求额"就涉及了这个过程。

1. 自有资金

自有资金，即创业投资者可以投入企业支配使用的资金，是"借入资金"的对称。自有资金是创业企业为进行生产经营活动所经常持有、能自行支配且不需偿还的资金。例如，创业者自己储备的资金，包括个人积蓄、借款、股权等。自有资金对于创业公司非常重要，因为它们可以为公司提供必要的资本，同时也可以增强投资者的信心，表明创业者对公司的成功有信心，有能力为公司承担风险。

2. 融资需求额

融资需求额则是指创业者需要从银行、其他投资人、风险投资公司等融资渠道获得的资金总额。该资金通常用于支付创业项目的启动成本或资本支出，如购买设备、租用办公室、支付员工工资等。融资需求额中的资金通常比自有资金更大，因为它们需要满足更高的资源需求，并且通常需要通过公开募集、私募股权等方式获得。其具体数额等于创业启动资金需求总额减去自有资金数额。

例如，如果创业者需要100万美元来启动一个创业项目，其中60万美元是他/她自己的储备资金，那么融资需求额将是40万美元。如果创业者没有自有资金，融资需求额将是100万美元。

在判断自有资金和融资需求额时，必须充分考虑投资人的需求和期望，同时也需要考虑项目本身的规模、发展前景和市场需求等因素。

第二节 国家创业支持政策

国家创业支持政策是政府出台支持大学生创业的相关规定，包括国家政策和地方政策，如简化办证流程、税收优惠、贷款支持政策等。

一、国外对大学生创业提供的优惠政策支持

大多数国家都意识到大学生创业的重要性，而且都推出了相应的优惠政策，以支持和鼓励大学生创业。创业者应该及时了解相关政策，以便充分利用各种优惠政策和资源，实现创业梦想。

（一）美英日对大学生创业提供的优惠政策

1. 美国

美国针对大学生创业提供了很多优惠政策，包括商业扶持计划、科技创新基金、创业训练营等。此外，美国还为大学生创业者提供了丰富的资源和领导力培训机会。当今美国的大学生创业正受到越来越多的关注和支持。以下是一些美国大学生创业的优惠政策：

（1）创业计划竞赛：很多大学都设立了创业计划竞赛，鼓励学生提出新的商业创意，提供资金支持、培训和导师指导。

（2）创业导师：许多大学有专业的创业导师，可以为学生提供商业计划书撰写、市场营销、融资等方面的指导。

（3）创业实习：一些大学为学生提供创业实习机会，使学生可以在真实的企业中学习和实践创业技能。

（4）创业讲座和研讨会：很多大学都会邀请成功的创业者和企业家来校园讲座，分享他们的实践经验和成功故事，同时也会组织各种创业研讨会和合作交流活动。

（5）创业资金：一些大学会提供创业资金来支持学生的创业项目，有些

还会为创业学生提供免息或者低息的贷款。

2. 英国

英国政府推出了一系列支持大学生创业的政策，包括资金、培训和访问中小企业的机会。此外，英国还设立了专门的投资基金，帮助学生将他们的创意转化为商业机会。当今，英国各大高等教育机构对于学生创业的支持日益增强，以下是一些英国大学生创业的优惠政策：

（1）创业竞赛：许多英国大学都设立了创业组织或创业比赛，同时也提供创业种子资金和开业支持。

（2）创业导师：英国大学拥有丰富的创业导师资源，可以为学生提供商业计划书的撰写、培训和导师指导等方面的支持。

（3）创业实践课程：英国大学为学生提供创业实践课程，帮助他们了解创业文化、商业计划撰写、市场营销和融资等方面的知识。

（4）创业讲座和研讨会：英国大学会邀请成功的创业者和企业家来校园讲座，分享他们的实践经验和成功故事，同时也会组织各种创业研讨会和合作交流活动。

（5）创业种子资金：英国一些大学会提供种子资金帮助学生开展创业项目，还有一些大学提供免息或低息的贷款，为学生提供创业资金支持。

3. 日本

日本政府为大学生创业提供了资金支持、税收减免、大学与企业合作等政策支持。此外，日本还设立了"未来创业家培训计划"，该计划为有创业潜力的学生提供资金、导师、培训等多方面的支持。日本政府近年来逐步推行"创业革命"，不断推出一系列优惠政策和支持措施，以鼓励和促进大学生创业。以下是一些日本大学生创业的优惠政策：

（1）创业支援机构：日本政府设立了多个创业支援机构，为学生提供商业计划撰写、创业培训和导师指导等方面的支持，同时也提供创业种子资金和开业支持。

（2）创业竞赛：许多日本高校和省内机构都设立了创业竞赛，为学生提供商业计划书的撰写、创意开发、市场营销和融资等方面的支持。

（3）政府补贴：日本政府提供多种创业补贴，如青年创业支援金和创业产业化支援金，为学生提供创业资金支持。

（4）创业导师：日本各大高校也拥有丰富的创业导师资源，可以为学生提供创业相关知识和技能的培训和指导。

（5）创业实践课程：日本各大高校为学生提供创业实践课程，帮助他们了解创业文化、商业计划撰写、市场营销和融资等方面的知识。

（二）英美日为大学生创业提供的优惠政策的比较

1. 相似之处

许多国家都推出了类似的优惠政策来支持年轻人和大学生创业，因为创业能够刺激经济增长和创新，增加就业机会和推动社会发展。

美国、英国和日本是发达国家，对于创业的重视程度和政策举措存在共通之处。首先，它们都有完善的创业生态系统，政府、高校、创业加速器、风险投资等都形成了相互配合、互相促进的支持体系。其次，这些国家的优惠政策目的和内容也大同小异，主要是提供创业培训、导师支持、基金支持、孵化器和加速器支持等。因此，从政策层面上来看，存在一些相似性。

然而，不同国家的文化、法律和市场环境等也会影响创业的运营和发展，所以在具体的政策实施和效果评估方面，还需要因地制宜，根据当地的实际情况来制定相应的创业支持政策。

2. 存在的一些差异

当涉及大学生创业优惠政策时，美国、英国和日本存在一些差异，这些差异主要体现在如下几个方面：

（1）创业培训和导师支持：在美国和英国，许多高校设有专门的创业加速器和孵化器，为学生提供创业培训和指导服务。而在日本，一些大学则提供创业导师的服务来帮助学生。

（2）创业资金支持：美国政府通过创业基金、创业贷款、天使投资等形式，为大学生提供创业资金支持；英国政府实施了众筹和共享经济等新兴的融资模式；日本则通过政府和大学的合作，为大学生提供基金、投资和股份转让等支持。

（3）创业竞赛和奖励：在美国和英国，政府、大学和私人机构都会举办创业竞赛，并提供奖金和其他奖励，以鼓励大学生创业。而在日本，政府会为一些创新型企业提供特别奖励，但是针对大学生的创业竞赛和奖励相对较少。

总体说来，这三个国家在大学生创业优惠政策方面存在许多相似性，但也存在一些差异。这些差异可能受到不同国家的文化、经济环境、技术发展和政治制度等因素的影响。

二、我国的大学生创业优惠政策

我国各级各部门均通过制定各种创业教育和创业优惠政策、制度等，鼓励大学生创业。为深入贯彻落实《国家中长期教育改革和发展规划纲要（2010—2020年）》以及《教育部关于全面提高高等教育质量的若干意见》精神，推动高等学校创业教育科学化、制度化、规范化建设，切实加强普通高等学校创业教育工作，教育部制定了《普通本科学校创业教育教学基本要求（试行）》。强调通过创业教育教学，使学生掌握创业的基础知识和基本理论，熟悉创业的基本流程和基本方法，了解创业的法律法规和相关政策，激发学生的创业意识，提高学生的社会责任感、创新精神和创业能力，促进学生创业就业和全面发展。

从《国务院办公厅关于深化高等学校创新创业教育改革的实施意见》《国务院关于大力推进大众创业万众创新若干政策措施的意见》开始，国务院和各级地方政府先后出台了一系列有关"双创"的文件，鼓励大学生创新创业，比如《国务院关于推动创新创业高质量发展打造"双创"升级版的意见》等。

（一）中国（全国）的大学生创业优惠政策的主要内容

（1）创业补贴：各级政府优先为大学生创业提供创业资金支持，大学生创业可享受创业补贴、创业担保贷款、创业基金、科技创新项目资助等。

（2）创业场地支持：政府为大学生创业者提供免费或低价场地，包括办公、仓库和展示场地等。

（3）税收减免：大学生创业者可享受国家和地方的税收减免政策，包括免征增值税、减免企业所得税等。

（4）高校创新创业支持：许多高校也为学生提供大量创新创业支持，如创业导师、创业孵化器、创业大赛等。

（5）人才引进和培训：政府鼓励高校毕业生回到家乡或异地创业，提供创业创新人才引进补贴和培训支持等。

除了上述政策外，中国各地还有不同的创业扶持政策，如北京市"五个一工程"、上海市"红棉计划"等。创业者可通过各种途径了解相关政策信息并申请相关优惠，以便获得资金和其他创业支持，从而创造更好的企业发展环境。

（二）北京市对大学生创业提供的优惠政策

（1）资金扶持：北京市财政部门每年设立一定数额的创业补贴资金，优先面向大学生创业者，研究生及本科毕业生可享受5万元至50万元不等的创业补贴资金。

（2）创业孵化器支持：北京市各级政府鼓励和扶持大学生创业孵化器建设，提供免费场地、优秀创业导师、技术支持、资金支持等。

（3）人才外引扶持：北京市鼓励大学毕业生回到家乡或异地创业，提供一次性补贴和创业补贴资金。同时，对于外来创业人才，北京市也会给予一定的资金和技术支持。

（4）创业扶持政策：北京市政府制定了一系列创业扶持政策，包括资金扶持、税收减免、减免租金或房贷、办公场所减免或免费等。

（5）创新创业大赛：北京市政府每年举办多场创新创业大赛，为创业者提供展示、宣传和交流的平台，同时参与者还可获取资金和资源等支持。

总体来看，北京市政府对大学生创业持非常积极的态度，提供了大量创业支持和政策优惠。创业者可以通过政策申请和各种创业活动等方式，获得资金和技术支持，从而实现创业梦想。

（三）上海市对大学生创业提供的优惠政策

（1）创业补贴：上海市各区政府为大学生创业者提供创业补贴，创业补贴可根据项目需要，提供5万元至20万元不等的资金支持。

（2）免费场地支持：上海市政府为大学生创业者提供免费场地，租赁周期为1~3年，可提供办公室、仓库和展示场地等。

（3）税收优惠：上海市规定大学生创业企业享有国家和地方的税收减免政策，如免征增值税、减免企业所得税等。

（4）创新创业基金：上海市政府设立创新创业投资基金，投资项目包括大学生创业项目，可获得最高500万元的投资金额。

（5）创新创业大赛：上海市每年举办多场创新创业竞赛活动，为大学生创业提供展示、宣传和交流的平台，同时参与者可获得资金和资源等支持。

总体来说，上海市为大学生创业提供了广泛的政策支持和优惠措施，鼓励和促进大学生创业。创业者可以通过各种途径了解相关政策信息并申请相关优惠，以便获得资金和其他创业支持。

（四）山东省对大学生创业提供的优惠政策

（1）创业担保贷款：山东省为大学生创业提供创业担保贷款，最高额度为50万元，贷款期限最长为5年。

（2）创业资金补贴：山东省各级政府设立创业资金补贴，鼓励大学毕业生和在职研究生等人员创业，资助金额根据项目不同，一般为5万元至20万元。

（3）创业引导基金：山东省政府为大学生创业项目设立创业引导基金，资助金额为10万元至50万元不等。

（4）税收优惠：山东省为大学生创业企业提供多种税收优惠政策，如免征增值税、免征个人所得税等。

（5）创新创业大赛：山东省政府每年举办多场创新创业大赛，为大学生创业提供展示、宣传和交流的平台，同时参与者可获得资金和资源等支持。

总体来看，山东省为大学生创业提供了一系列丰富的政策支持和优惠措施，创业者可以通过各种途径了解相关政策信息并申请相关优惠政策，以便获得资金和其他创业支持，从而实现创业梦想。

（五）浙江省对大学生创业提供的优惠政策

（1）创业担保贷款：浙江省为大学生创业提供创业担保贷款，最高额度为50万元，贷款期限最长为5年。

（2）创业补贴：浙江省提供一次性的创业补贴，资助金额最高可达到20万元。

（3）创业引导基金：浙江省政府为大学生创业项目设立创业引导基金，最高可获得50万元的资助金额。

（4）创新创业大赛：浙江省政府每年举办多场创新创业大赛，为大学生创业提供展示、宣传和交流的平台，同时参与者可获得资金和资源等支持。

（5）特色优惠政策：浙江省为大学生创业提供了一系列特色优惠政策，如优先购买政府采购产品、享受卫生健康、社保、住房等多项优惠待遇。

总体来看，浙江省为大学生创业提供了较为完善和具有竞争力的政策支持和优惠措施，有利于激发大学生创业热情，推动创业创新发展。

综上所述，全国各个省份的大学生创业优惠政策较多，难以一一列举，且不同省份的创业优惠政策各有千秋，难以进行简单的比较。不过，有些省份在大学生创业方面的支持力度比较大，如上海、浙江、广东、北京等地，为大学生创业提供了较多的政策优惠和金融支持。以下简略提供一些省市的大学生创业优惠政策信息作为参考。

（1）北京市：北京市政府鼓励大学生创业，提供创业担保贷款、创业补贴、创业引导基金、创新创业大赛、税收减免等优惠政策。

（2）天津市：天津市政府为大学生创业提供创业补贴、创新创业基金、科技创新等一系列政策支持。

（3）上海市：上海市政府为大学生创业提供创业担保贷款、风险投资、创新创业大赛、税收减免等政策支持。

（4）重庆市：重庆市政府为大学生创业提供创业担保贷款、创业补贴、创业服务平台建设、创新创业大赛等政策支持。

（5）江苏省：江苏省政府为大学生创业提供创业担保贷款、创业补贴、创新创业基金、科技创新等政策支持。

（6）浙江省：浙江省政府为大学生创业提供创业担保贷款、创业补贴、创业引导基金、创新创业大赛等政策支持。

（7）安徽省：安徽省政府为大学生创业提供资金扶持、培训服务、优惠税收等政策支持。

（8）福建省：福建省政府为大学生创业提供创业担保贷款、创业补贴、创新创业大赛等政策支持。

（9）湖北省：湖北省政府为大学生创业提供创业担保贷款、创业补贴、创业导师计划等政策支持。

（10）广东省：广东省政府为大学生创业提供创意设计大赛、创业担保贷款、创业补贴、创新创业基金等一系列政策支持。

当然，以上信息只是各个省份大学生创业优惠政策的冰山一角，具体政策还需要根据自身情况去查阅相关省份官方网站，以获取更全面的资讯。

第三节　创业启动资金预测

创业启动资金预测是指创业者在开始创业之前，根据公司的预算、资产负债表、利润表等信息，对创业过程中所需的资金进行估计和预测的过程。创业启动资金预测目的是帮助创业者做出正确的财务决策，使公司在创业初期能够得到充分的资金支持，避免因资金不足而导致的开展受限、发展缓慢等问题。

在进行创业启动资金预测时，创业者需要充分了解所在行业和市场情况，同时也需要对公司的产品、服务、销售渠道等方面进行深入的调研和分析，以便更加准确地预测公司的资金需求。

一、创业启动资金测算

可以根据支出预测表（见表 7.1），确定创业启动资金需求额。

表 7.1　　　　　创业启动资金测算表及各项目测算注意事项

项目	金额	数据编码	备注
生产用厂房车间等		自建，$a0$；或者租赁，$az = a1 \times 3$	自建，$a1 = 0$；反之，$a0 = 0$
设备（机器、工具、工作设施、车辆等）		自建，$b0$；或者租赁，$bz = b1 \times 3$	自建，$b1 = 0$；反之，$b0 = 0$
办公场所设施（电脑、打印机、办公家具等）		自建，$c0$；或者租赁，$c = c1 \times 3$	自建，$c1 = 0$；反之，$c0 = 0$
无形资产		$w0$	有效期 $12n$，企业用地和建筑用地的土地使用权费用、专利等
团队成员（管理人员）工资		d	$d = n1 \times$ 人均工资（以当地的最低工资标准为最低限额，初期可以为0）
聘用人员工资		e	$e = n2 \times$ 工人工资（以当地的最低工资标准为最低限额）
生产耗材		f	$f = $ 预计产量 $\times$ 单位材料消耗定额 $\times$ 单价

项目	金额	数据编码	备注
办公耗用材料		g	
研发费用		h	
保险费用		l	
运营支出		i	包括水电燃气、电话、交通、办公用品费、招待费、税收、利息等
参展费、广告费等		j	
流动运营资金预留		k	
资金需求总额			

二、各项目内容预算确立基础或标准说明

（1）生产用厂房车间等，可以采用自建方式，也可以采用租赁方式，具体应根据创业项目内容和团队自有资金实际情况确定。如果自有资金较充足或者对厂房有特别要求，可以选择自建，否则选择租赁。

（2）设备，包括机器、工具、工作设施、车辆等，大型设备在可以租赁的情况下选择租赁，其他设备一般选择自己购置。

（3）办公场所设施，包括电脑、打印机、办公家具等，一般选择自己购置。

（4）生产耗材：根据预计产量、单位材料消耗定额和材料单价进行估算。

（5）无形资产包括企业用地和建筑用地的土地使用权费用、专利等。

（6）团队成员（管理人员）工资：根据人员数量和以当地的最低工资标准确定。在初期有资金困难时，团队成员工资可以为0。

（7）聘用人员工资：以当地的最低工资标准为最低限额。

（8）运营支出，包括水电燃气、电话、交通、办公用品费、招待费、税收、利息等。

第四节　预设项目数据

本实验项目采用虚实结合的教学组织方式。在完成理论学习的基础上，形

成计划创业项目，并组建创业小组，进行一定范围的市场调研，然后将数据代入实验。没有计划创业项目前期调研数据的同学，如果想做实验，可以采用以下系统推荐的典型创业案例进行实验（见表7.2）。

表7.2　　　　　　　　　　　预设项目前期市场调研数据

项目可能开支	调研信息				备注
生产厂房	厂房	买价	租用	容量	自建厂房每月要计提折旧，租用要考虑长期经营成本（自选）
	大	40万元	5万元/年	6条生产线	
	小	30万元	3万元/年	4条生产线	
建设生产线（机器）		购置费	残值		自选
	半自动线	10万元/条	2万元		
	自动线	15万元/条	3万元		
车辆		购买	租用		自选
	运输车	18万元	200元/天		
	商务车	15万元	300元/天		
办公设备	电脑3000元/台，打印机500元/台，办公家具500/套				该项目最少需要购买电脑1台，打印机1台，办公家具1套
工人工资	团队成员工资：4000元/人·月	3人（固定）			选择购置1条半自动生产线至少要聘用1位员工，自动生产线则可不考虑聘用员工（自选）
	聘用人员工资：3500元/人·月				
生产耗用原材料	生产1件A产品需材料R 2个，单价：1.5万元/个				自选
办公耗用材料	文具、小工具……				自选
研发费用	约3万元/年				
水电费	基础水电费为1000元/月；每增加1条生产线，水电费相应增加5000元/月				自选
广告费	1万元/月				
设备维修费	1条生产线的维修费1万元/年				

第五节　实验操作

步骤 1：预测创业启动资金

➢ 操作目的：培养学生资金预算的能力，保持适当的运营资金以维持企业财务流动性和维持企业的正常运转。

➢ 操作过程：（1）邀请成员开会；（2）召开创业启动会议；（3）确定初始资金需求大类；（4）填写资金支出预测表；（5）确定创业需求资金。

➢ 操作结果：测算出创业初始资金需求额。

➢ 实验过程提示：观看三位创业者的讨论视频，并根据自己的项目填写相关内容。

特别注意：前期没有计划创业项目准备的同学不用填写项目情况说明，只根据给定市场调研表来填写资金预测表。

步骤 1 的操作展示如图 7.1 至图 7.6 所示，也可扫描二维码观看操作视频。

图 7.1　邀请创业团队成员开会

图 7.2 召开创业前期会议

图 7.3 确定初始资金需求大类

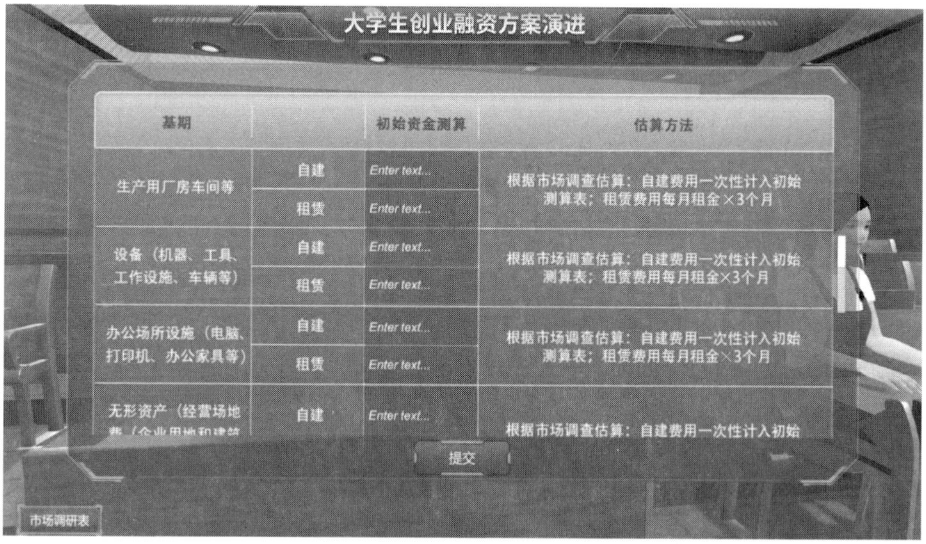

图 7.4　填写资金需求预测表

图 7.5　确定创业需求资金

图7.6 运营资金相关知识

步骤2：确定外部融资额

根据确定的启动资金总额，以及各位团队成员现在可以提供的资金数额，确定外部融资额。具体确认如表7.3所示。

表7.3　　　　　　　　自有资金汇总表和融资需求额　　　　　　　　　单位：元

团队成员	自有资金（示例）
1	（300000）
2	（200000）
3	（200000）
合计	（700000）
融资需求	后台计算（356000）

➢ 操作目的：确定外部融资需求额，以满足企业在初创时需要的启动资金，保证项目在后期顺利展开。

➢ 操作过程：填写创业团队成员内部出资额。

➢ 操作结果：计算出外部融资需求额。

➢ 实验前置知识：学生需要明确创业初始资金需求总额和自筹资金金额。

➢ 实验过程提示：根据自己创业项目的需求填写。

步骤 2 的操作展示如图 7.7 所示，也可扫描二维码观看操作视频。

图 7.7　确定外部融资额

第八章　创业启动资金来源

第一节　大学生创业启动资金来源渠道

大学生创业启动资金的来源主要有以下几个方面：

（1）自筹资金：这是最基本的融资方式，创业者可以利用个人储蓄、向家人朋友募集资金等方式来自筹启动资金。

（2）银行贷款：创业者可向银行申请贷款来获得启动资金。通常银行会审查创业者的信用状况、资金用途、还款能力等，但获得贷款的难度较大。

（3）创业投资：创业者可以向天使投资、风险投资机构进行申请，如果项目被投资者看好并认为有足够的商业价值，他们就会提供启动资金，并成为创业者的股东。但是，创业投资的申请门槛高，竞争激烈，成功率较低。

（4）合伙人投资：合伙人投资是指在创业公司的早期阶段，创业者在其资金严重不足时，可以寻找一些个人对项目进行投资，并与之合作形成创业初始团队，合伙人可以投资额为基础换取股权或其他形式的投资回报。

（5）众筹：众筹是指在互联网上发起众筹活动，向社会公众募集资金。创业者可以在众筹网站上发布项目，如果获得足够的支持，就可以获取启动资金。但是，要想成功获得众筹资金并不容易。

（6）政府支持：一些政府机构会向有创新创业意愿的大学生提供支持，如创业补贴、创新创业基金等，这也是大学生创业可以考虑的一种融资方式。

以上是几种大学生创业启动资金的融资方式，不同的融资方式有不同的优缺点和适用范围，创业者可以根据自身情况选择最适合的融资方式。接下来，具体介绍一些常见的融资来源渠道。

一、风险投资机构及天使投资

（一）风险投资机构

风险投资机构是一种为初创企业或高成长企业提供融资的机构，通常由一些资金量较大的投资者组成。这些投资者向初创企业或高成长企业提供资金，并购买股权或其他优先权，以期望在企业运营成功后获得高额回报。

风险投资机构通常分为早期投资机构、中期投资机构和后期投资机构三种类型。早期投资机构通常向初创企业提供种子资金或天使投资；中期投资机构通常向已经进入市场、有商业模式、正在扩大规模但还未盈利的企业提供资金；后期投资机构则通常向已经盈利并已经成长壮大的企业提供资金以扩大规模。

风险投资机构的投资决策通常基于企业的商业计划、市场潜力、管理团队、商业模式等因素。如果投资机构决定向企业投资，它们通常会要求与企业领导层签署投资协议，其中规定了双方的权利和责任。

风险投资机构的优点是可以为企业提供大量资金，并且通常会提供与企业相关的专业知识和行业经验，从而帮助企业成长和扩大规模。此外，风险投资机构还可以帮助企业与其他投资者建立联系，从而获得更多融资。

然而，风险投资机构也存在一定的风险和缺点。首先，它们通常会要求企业提供相应的回报，这可能会导致企业面临更大的压力。其次，风险投资机构在投资决策方面存在一定程度的风险，如果投资失败，它们可能会损失大量的资金。

总之，风险投资机构是一种为初创企业或高成长企业提供融资的机构，可以为企业提供大量资金以及专业知识和经验，但同时也存在一定的风险和缺点。创业者在考虑通过风险投资机构获得融资时应该谨慎，并考虑到自己的需求和能力。

（二）天使投资

天使投资是指投资人向初创企业提供资金，以获得股权或其他利益的行为。天使投资者通常是富有经验的投资者或创业家，他们投资于早期的创业项目来获取高回报。

天使投资通常发生在创业公司的早期发展阶段，其目的是帮助初创企业获取初始资金，以便其进一步发展。与其他风险投资机构不同，天使投资者通常向初创公司投资较少的金额，以获取一定比例的股权，并提供专业知识和经验支持。

天使投资作为一种较为常见的初创企业融资方式，可以提供初始资金和专业知识和经验支持，但是也存在一定的风险。创业者在考虑天使投资时应该谨慎，并考虑到自己的需求和能力。

1. 天使投资的优点

（1）创新性高。天使投资一般投资于初创企业，在产品、服务、商业模式、管理等方面都具有较高的创新性和前瞻性，有很大的成长潜力。

（2）资金上的帮助。天使投资可以帮助初创企业获得初期资金，这些资金可以用于产品研发、市场推广、人才引进等方面。

（3）经验和资源的分享。天使投资者通常是有丰富经验和资源的成功企业家或投资者，他们可以为初创企业提供非常有价值的经验、知识和资源。

2. 天使投资的缺点

（1）风险高。天使投资一般投资于初创企业，此时企业尚处于早期阶段，经营不稳定，具有较高的风险，天使投资者需要有高的承受风险的能力。

（2）投资收益周期长。初创企业的成长需要时间，投资者需要在较长时间内等待投资回报，且投资的成功率较低。

（3）需要专业的投资知识。天使投资者需要具备丰富的投资经验和相关知识，以及良好的对行业和企业的评估和分析能力。

3. 天使投资的应用范围

（1）初创企业。由于天使投资一般投资于初创企业，因此这是最主要的使用领域。

（2）创意产品。与众筹类似，天使投资也可以帮助创意产品推广，以及提高产品的知名度和市场份额。

（3）公益事业。天使投资也用于支持公益事业和社会企业，帮助其获得资金、资源和知识支持。

总之，天使投资是一种非常重要的投资方式，具有很大的优势和潜力，但同时也具有很高的风险和专业要求，主要适用于初创企业、创意产品、公益事业等领域。

二、众筹

（一）众筹的概念

众筹（crowd funding）是指通过网络平台向广大公众募集小额资金，用于支持特定项目或企业的一种融资方式。

众筹是一种创新的融资方式，可以帮助初创企业和创意项目获得启动资金和推广机会，但也存在一定的风险和缺点，投资者和创业者应慎重考虑。

（二）众筹流程

1. 项目立项

众筹项目需要有明确的目标，通常是一个创意、产品或服务，需要详细介绍项目的内容、目标和计划。

2. 平台选择

创业者需要选择一个在线众筹平台，并在平台上发布项目介绍，以吸引投资者。

3. 确定目标金额

创业者需要确定目标融资金额，并设定期限。

4. 制定回报方案

创业者需要针对不同投资额度，制定相应的回报方案，以吸引更多投资者。

5. 宣传推广

创业者需要通过不同的渠道，如社交媒体、新闻媒体等，宣传和推广项目，以吸引更多人支持。

6. 开始筹款

一旦项目上线，就可以开始接受捐款。一般情况下，如果项目达到了目标融资金额，众筹就算成功，资金会被划拨到创业者的账户上。

7. 实施项目

创业者需要按照计划进行项目实施，并履行回报方案。

（三）众筹的优缺点

1. 众筹的优点

（1）获得初期资金。传统的融资方式对于初创企业来说较为困难，而通过众筹可以快速获得相应的资金，以帮助企业实现初期的运营。

（2）风险共担。由于众筹的投资者来自大众，因此可以分散投资的风险，降低单一投资者承担的风险。

（3）扩大知名度。发布众筹计划，可以让更多人知道企业和产品，提高企业知名度和受欢迎程度。

2. 众筹的缺点

（1）成本较高。为了在众筹平台上筹集到资金，需要付出一定的成本，如平台服务费、宣传费用等。

（2）限制较多。众筹平台会对发布的项目进行审核，一些不符合平台要求的项目可能会被拒绝。

（3）成功率低。众筹平台上的项目众多，有些项目难以获得大众的关注并成功融资。

（四）众筹的适用范围

1. 初创企业

众筹可以有效帮助初创企业获得初期资金，并且增强企业在社交媒体上的知名度。

2. 创意产品

众筹可以帮助创意产品推广，通过社交媒体上的分享，在短时间内扩大产品的知名度。

3. 公益事业

众筹可以帮助公益事业获得资金支持，提高公益事业在社交媒体上的知名度。

总之，众筹是一种创新的融资方式，虽然有一定的缺点，但在一定的适用范围内具有很大的优势，特别是对于初创企业、创意产品和公益事业等。

三、政策性特别贷款

政策性特别贷款是指政府和金融机构共同为支持国家经济政策实施而设立

的一种特殊的贷款，是一种政策性贷款的具体形式。

政策性特别贷款通常具有以下特点：

一是政策指向性强。政策性特别贷款通常是针对某些经济领域或政策方向而设立，如支持中小企业发展、推动新能源和环保产业等，具有明确的政策指向性。

二是利率优惠。政策性特别贷款的利率通常比市场利率低，甚至可能为零息或负利率，旨在为受助企业提供更低成本的资金支持。

三是资金用途受限。政策性特别贷款的资金用途通常会受到限制，只能用于特定领域或特定项目，如用于购买设备、扩大产能、创新研发等。

四是申请条件严格。申请政策性特别贷款的条件通常比较严格，需要符合政策性贷款的相关要求，如企业规模、发展潜力、行业领域、财务状况等。

政策性特别贷款的设立旨在支持国家实施重大经济政策，帮助企业扩大投资规模，促进经济发展。政府通常会通过各种渠道向金融机构提供贴息、担保等政策性支持，引导金融机构向特定领域或特定企业提供政策性特别贷款，以实现政策目标。对于企业而言，政策性特别贷款可以提供低成本的资金支持，帮助企业增强市场竞争力，实现可持续发展。

四、创业前小额贷款

创业前小额贷款是指针对缺乏创业资金的创业者，银行或其他金融机构向其提供的一种小额贷款服务。以满足创业者在创业前期的资金需求，促进他们实现自主创业。这种小额贷款通常适用于个体工商户和小微企业主，借款金额相对较小，利率相对较低。与传统贷款不同的是，创业前小额贷款通常不要求创业者提供抵押担保，而是主要通过对创业者的个人信用背景和创业项目进行评估，以决定是否发放贷款和贷款额度。

创业前小额贷款的利率一般比商业贷款稍高，但相对比较低，甚至可以免息或者低息。另外，创业者在贷款还款方面通常也具备一定的灵活性，可以根据自己的创业进度和经营情况来调整还款计划。

创业前小额贷款的申请条件相对宽松，一般要求创业者有一定的创业意向和计划，并且具备一定的创业素质和能力。此外，申请人的个人信用记录和历史还款记录等也是贷款机构审批时考虑的因素。

创业前小额贷款的发放通常由银行、担保公司、小额贷款公司等机构提供。创业者可以通过向这些机构提出申请来获得必要的资金支持，以实现自身创业的事业理想。

创业前小额贷款通常具有以下特点。

一是贷款额度相对较小。创业前小额贷款的贷款额度通常为几千元到几万元，相对于大型企业的贷款额度而言较低。

二是利率相对较低。因为借款人往往是初创企业或个人，无法提供充足的担保，因此银行通常会为其提供相对较低的利率。

三是偿还方式比较灵活。创业前小额贷款的借款期限相对较短，因此还款压力相对较小。同时，金融机构会根据借款人的经营情况制定还款计划，保证借款人能够按时还款。

四是申请条件相对宽松。创业前小额贷款的申请条件通常相对宽松，除了需要提供个人身份证明、经营资质证明外，还需要提供项目的商业计划、市场调研等信息。

创业前小额贷款对于创业者而言，可以提供资金支持，帮助创业者开展业务。同时，这种小额贷款也可以帮助金融机构抢占市场份额，扩大客户群体和业务规模。这对于促进金融服务实体经济发展，促进就业，稳定社会等方面都具有积极意义。

五、中国青年创业国际计划（YBC）

中国青年创业国际计划（Youth Business China，简称YBC）是共青团中央、中华全国青年联合会、中华全国工商业联合会共同倡导发起的青年创业教育项目。该项目参考总部位于英国的青年创业国际计划（Youth Business International）扶助青年创业的模式，旨在动员社会各界特别是工商界的力量，为青年创业提供咨询以及资金、技术、网络支持，以帮助青年创业。中国青年创业国际计划通过接受社会捐赠和资助，建立青年创业专项基金，为符合条件的青年创业者提供无息启动资金和"一对一"导师辅导等公益服务。

加入中国青年创业国际计划需要满足以下四个条件：年龄介于18～35岁；处于失业、半失业或者待业；有很好的商业点子和创业激情；难以筹措到启动资金。在对申请者进行审核时，主要是对青年的创业计划书、创业能力及创业前景等进行分析，从而决定是否对其提供资金和创业方面的帮助。

截至目前，该模式已在全国多个城市成功复制，上万名导师志愿者对有需求的青年提供了辅导，近万名青年受助创办了自己的企业，带动新增就业岗位超过 10 万个。中国青年创业国际计划在全国 22 个城市设立了项目办公室，战略合作伙伴达 160 多家。联合国青年就业网络中心授予中国青年创业国际计划"中国项目合作办公室示范项目"。

此外，中国青年创业国际计划先后与青年创业国际计划（YBI）、世界经济论坛、G20 青年企业家联盟、亚太经济合作组织（APEC）建立了合作伙伴关系，与参与该项目的青年共享国际平台资源，提供国际学习和交流机会，使其不仅可以在国际平台上展示自己、建立商务联系，而且还可以拓展他们的国际化视野。更重要的是，这还有助于在世界舞台塑造中国形象，代表中国发声。

第二节　融资成本

大学生创业过程中，融资成本是一个非常重要的指标，会直接影响到创业企业的利润率和生命周期。在计算大学生创业过程中的融资成本时，需要考虑不同融资方式的特点和不同因素的影响。创业者需要对自己的企业情况有一个清晰的认识，根据实际情况选择合适的融资方式，并根据融资成本计算出企业的成本、支出和预期回报，以便进行合理的资金规划和财务管理。

大学生创业初期的融资成本可以通过表 8.1 计算。

表 8.1　融资成本计算表

融资类型	融资方式	获得资金额度	年利率	期限	利息
政策扶持	免租金	系统生成	0	三年	0
政策扶持	政策资助金	系统生成	0	系统生成	0
政策性特别贷款	创业前小额贷款	系统生成	a%	系统生成	
政策性特别贷款	创业中贷款	系统生成	b%	系统生成	
政策性特别贷款	YBC 创业基金	系统生成	0	系统生成	0
天使投资		系统生成	0	无限期	0

续表

融资类型	融资方式	获得资金额度	年利率	期限	利息
合伙人投资	入股	系统生成	0	无限期	0
短期贷款		系统生成	$n\%$	一年以内	
长期贷款		系统生成	$m\%$	一年以上	
应收票据贴现		系统生成		系统生成	
区块链融资		系统生成		系统生成	
民间借贷		系统生成	$c\%$	系统生成	
众筹		系统生成	0	系统生成	0
合计			—	学生输入	

第三节　实验操作

步骤3：创业启动资金融资方式选择

➢ 操作目的：（1）选择恰当的融资方式，通过多种融资方式的展开，提升学生的融资思维能力；（2）获取需要的融资额，解决企业目前资金短缺的问题，以确保顺利创业。

➢ 操作过程：点击"需要融资"，进入融资地图，可以选择到银行、政府、合伙人等处融资。（1）点击"政府机构"：对话后，会弹出五种政府政策，了解每种政策后，按自己项目符合的条件选择并申请金额。（2）点击"寻找合作伙伴"：点击进入合伙人，对话后，会弹出一个创业者竞争优势的选择题，弹出接受合伙人投资弹窗后，填入需要的金额。（3）点击"天使投资"：通过对话了解天使投资的内容，点击申请天使投资，按自己项目符合的条件选择并填写。（4）点击"银行机构"：对话后，会弹出三种渠道，了解每种贷款渠道，点击申请贷款，按自己项目符合的条件选择并申请金额。当融到足够的资金后，选择融资完毕。

➢ 操作结果：（1）通过系统的指引，学生在多种融资方式下进行选择，最终获得足够融资数额。（2）若没有融集到足够的创业资金，项目无法开展，企业无法创立，返回实验初始界面。（3）得到基期相关财务报表。

➤ 实验前置知识：了解各种融资方式的相关政策，自由选择最适合自己企业的融资方式并确定每种融资方式的融资额。

➤ 实验过程提示：（1）动画人物解说形式：解释融资需要的条件和介绍各种融资渠道，模拟真实场景。（2）文字形式：将相关知识做简单介绍，以便学生理解。（3）查看融资成本。

➤ 实验在线指导：查看融资相关政策。

步骤3的操作展示如图8.1至图8.5所示，也可扫描二维码观看操作视频。

图8.1　融资地图

图8.2　政府扶持政策介绍

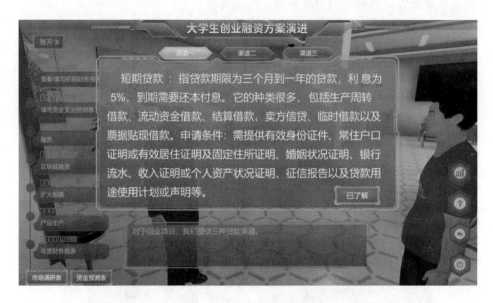

图 8.3　银行贷款渠道介绍

图 8.4　选择关于天使投资的正确信息

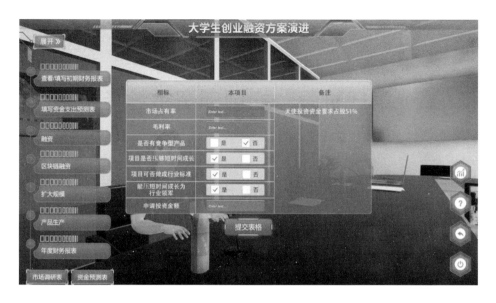

图 8.5　获得天使投资的条件

第二阶段 初创期资金维持

第九章 初创期运营及资金需求

第一节 创业初期正常运营资金需求

一、创业初期正常运营资金

创业运营需要的资金数额因行业不同、城市不同、规模不同而异，但一般需要考虑以下几个方面的资金：

（1）初始投入，包括用于注册公司、租赁场地、购买设备和原材料等的初始资金。

（2）运营成本，包括员工工资、房租、水电、网络等日常运营费用。

（3）推广费用，包括广告宣传、公关费用等宣传推广费用。

二、创业初期正常运营所需要资金的计算步骤

第一步，确定初始投资金额，包括用于注册公司、租赁场地、购买设备和原材料等初始资金。

第二步，估算日常运营费用，包括员工工资、房租、水电、网络等费用。

第三步，估算宣传推广费用，包括广告宣传、公关费用等宣传推广费用。

第四步，再加上一定的备用资金，以应对一些意外开支，如突发事件等。

需要注意的是，在计算资金额度时，不要将所有资金都花在初始投入上。

如果所有的资金都用于初始投入，而没有考虑到日常运营和推广费用，那么可能会面临过早停业的风险。

三、创业运营初期资金管理需要注意的问题

在创业运营初期，资金是非常关键的。以下是一些建议：

（1）制定预算。在创业初期，有一个明确的预算是非常重要的。制定一个详细的预算可以帮助你掌控开支，确保你的资金用在最有意义的地方。

（2）降低成本。尽量减少开支，如寻找比较便宜的供应商或工人。这也意味着你需要对每个开支进行评估，以确保你只为必需的开支支付费用。

（3）风险管理。对于初创公司来说，经济风险无处不在。你需要尽可能地了解所有潜在风险，以及如何最大限度地减轻这些风险。

（4）寻找投资人。如果你有一个可行的商业计划，你可以考虑向风险投资公司或天使投资人寻求资金支持。

（5）精打细算。你要知道你的资金用在哪里。仔细考虑每一笔花费，以确保你的资金得到最大化利用。

（6）提高资金流动性。你要有足够的资金来应对突发情况。每天都要跟踪现金流量，以确保你的资金流动性良好。

第二节　初创期经营资金需求预算

大学生在创业运营初期如何做好下一个月的资金需求预算，并及时进行资金融通，是创业企业能否持续经营的关键。制定下一个月的资金需求预算，可以更好地掌控企业的财务状况，确保企业的正常运转。

一、制定资金需求预算的注意事项

（1）分类预算。将资金需求根据不同类别进行分类，如人力成本、材料采购、办公室租赁等。这样可以更好地理解企业的运营成本，确保每个方面的开支都不会被忽视。

（2）基于历史数据。根据过去的经验和财务数据，对下一个月的资金需

求进行估算。你可以通过收集过去的财务数据，如销售额、支出、收入等数据，对企业的运营状况进行分析，从而制定更加准确的资金需求预算。

（3）实时监测。随时监测企业运营的情况，及时发现资金短缺的情况，并进行调整。可以使用一些财务管理软件，如 Excel 或 QuickBooks 等，来随时监测企业的财务状况。

（4）统筹全局。合理安排各项开支，确保不会出现资金过度使用的情况。在做预算的过程中，需要考虑企业的整体运营，协调企业的各项支出和收入。

（5）风险控制。预测可能存在的风险，并制定风险控制措施。创业企业经常面临资金紧张的困境，建立一定的备用资金或者制定应对风险的应急预案，对企业未来的发展非常重要。

无论你选择哪种方法制定预算，都需要重视企业的财务状况，对预算进行周密的计算和估算，并及时监测和调整企业的财务状况。

二、制定经营预算时需要考虑的一些关键要素

一个好的经营预算可以帮助你掌控公司的财务状况，规划未来的发展，以及在经营中做出更好的决策。以下是制定经营预算时需要考虑的一些关键要素：

（1）收入。预测公司在未来期间内的总收入。通常情况下，你需要利用历史销售数据和市场趋势来进行预测。

（2）成本。记录并计算商品或服务的所有成本。这包括直接材料成本、工资和福利、租金、公共事业，以及其他可能的费用。

（3）利润。计算出预计的总利润。利润等于总收入减去总成本。

（4）现金流量。预测未来期间内现金的净流入量和净流出量。这将有助于你掌握公司的资金状况。

（5）固定支出。列出你所知道的每月必须支出的费用，如租金、工资和保险。

（6）可变支出。将可变费用分配到预算中。这些费用可以用于市场营销和广告、研发或者其他活动。

（7）应急基金。预留一些资金以应对未预料到的情况。

总之，要制定一个好的经营预算，你需要详尽地考虑所有经济因素，包括市场竞争、销售趋势和行业变化。这样可以确保你的预算准确、可行，同时也能够适应未来的变化。

三、经营预算的编制流程

（1）确定预算期。首先需要确定预算期，通常为一年，但也可以根据公司的需要，进行更长或更短的调整。

（2）收集数据。收集有关预算期的数据，如历史财务数据、行业数据、市场趋势等。

（3）制定销售预算。根据市场需求、销售趋势和行业数据制定销售预算。

（4）制定成本预算。确定各种成本项，如直接成本、人工成本、管理成本、利息和税收。

（5）编制现金流量预算。根据销售和成本预算编制现金流量预算，以确保资金充足。

（6）制定利润预算。根据销售预算和成本预算制定利润预算，以确定公司的盈利能力。

（7）编制资产负债表。根据现金流量预算、资产和负债预测编制资产负债表。

（8）审核和授权。审核经营预算并经过授权后，将其用于公司决策。

（9）监控和更新。定期监控公司的实际财务状况，如果需要，更新经营预算。

以上是经营预算的基本编制流程，每个公司可以根据自身情况进行调整和修改。

四、财务预算

财务预算是指公司在特定时间期间内计划资金的收入和支出，以及其他财务活动。财务预算可以帮助公司控制成本、规划未来的发展、预测现金流、评估可行性，以及进行投资决策等。以下是财务预算的主要分类：

（1）收入预算。预测公司在未来期间内的总收入，一般基于市场需求和销售趋势来进行预测。

（2）成本预算。列出和计算出某种产品或服务的成本，包括直接成本和间接成本等。成本预算可以帮助了解公司需要多少资金来支持生产和销售活动，并计算出每个产品或服务的利润。

（3）资本支出预算。包括长期资本支出，如购买固定资产、进行升级和维护等。资本支出预算需要综合考虑公司的现金流和未来的投资回报，确保资金充足并且可以最大限度地提高公司的价值。

（4）现金流量预算。预测未来期间内现金的净流入量和净流出量。现金流量预算可以帮助掌握公司的资金状况，确保资金充足，并且可以有效地管理现金流。

（5）利润预算。根据收入预算和成本预算计算出预期的总利润。利润预算可以帮助公司评估经营风险和制定第二年的经营计划。

编制财务预算时，需要根据公司的实际情况和目标来制定相应的预算，以确保预算可行性和准确性。同时，定期检查和更新预算，以便及时进行调整和优化。

案例：

ABC 公司是一家小型零售企业，主要销售数码产品和配件。他们编制了一份 12 个月的经营预算。

1. 销售预算
- 第一季度：50000 元
- 第二季度：70000 元
- 第三季度：80000 元
- 第四季度：90000 元

2. 成本预算
- 直接成本：每个月的平均成本约为 40% 的销售额，即平均 28000 元。
- 人工成本：每个月的人工成本约为 20000 元，包括雇用两名销售人员和一名财务人员。
- 管理成本：每个月的管理成本约为 4000 元，包括租金、水电费、保险和其他办公费用。

3. 现金流量预算
- 预期现金总流入：340000 元（销售总额）
- 预期现金总流出：343500 元（成本和支出总和）
- 应急基金：5000 元

---

4. 利润预算

- 第一季度：10000 元
- 第二季度：17000 元
- 第三季度：20000 元
- 第四季度：22000 元

5. 资产负债表

- 总资产：15 万元
- 总负债：10 万元
- 净资产：5 万元

由于 ABC 公司是一家小型企业，预算相对简单。但是，这份预算可以帮助他们控制成本和管理资金流动，同时也为公司的经营决策提供了基础数据和指导。

第三节　实验操作

步骤 4：投产第 1 个月运营

➤ 操作目的：主要考查学生对于运营过程中发生的各项支出的认识，并使学生结合实际，加深对运营支出的理解。

➤ 操作过程：（1）选择是否建立厂房与生产线以及支出数据，点击提交。（2）填写预计员工工资和需求人数，点击提交。（3）填写办公场所设施和材料耗费，点击提交。（4）填写投产第 1 个月相关运营支出情况，点击提交。（5）填写投产第 1 个月相关运营收入情况，点击提交。

需要注意的是，填写的数据要结合项目实际需求。对一些涉及不到的资金项目，填写"0"即可（前期没有准备的。可根据市场调研表的数据填写）。

➤ 操作结果：系统自动生成第 1 个月的财务报表，可查看。

➤ 实验前置知识：了解企业正常运行需要哪些方面的资金，正确计算相关金额。

➤ 实验过程提示：弹窗提示，以及备注信息提示。

➤ 实验在线指导：操作过程中遇到不明白的地方，可以单击界面左下角的"课前预习""市场调研表""资金预测表""财务报表"进行参考学习。

步骤4的操作展示如图9.1至图9.6所示，也可扫描二维码观看操作视频。

图9.1 建立厂房与生产线

图9.2 填写员工需求

图9.3 填写办公场所设施和材料耗费

图9.4 填写各项运营支出

图 9.5 填写运营收入

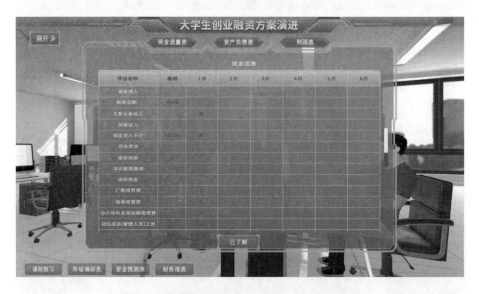

图 9.6 获得财务报表相关数据（现金流量表）

步骤 5：下月经营预测

➢ 操作目的：考查学生对项目的整体把握能力，合理预测下月运营资金的能力。使学生能熟练填写资金需求预测表，并为学生是否需要继续融资提供依据，以保证下月有充足的资金使企业顺利运营，这是平衡投资与信贷资源的重要方法。

➢ 操作过程：结合实际项目需要，填写投产下个月相关运营支出情况（前期没有准备的项目，可根据市场调研表数据填写）。

➢ 操作结果：可以得到下月现金余额预测值。

➢ 实验前置知识：根据企业的发展方向，了解企业下月运行需要哪些方面的资金，并预测企业各项运营支出金额。

➢ 实验过程提示：弹窗提示。

➢ 实验在线指导：操作过程中遇到不明白的地方，可以单击界面左下角的"课前预习""资金预测表""财务报表"进行参考学习。

步骤 5 的操作展示如图 9.7 所示，也可扫描二维码观看操作视频。

图 9.7　填写经营预测表

步骤 6：外部融资额计算

➢ 操作目的：学生根据下月现金余额和需求预测值，判断是否需要进行下一步融资，并确定需要外部筹集的资金数额，以确保下期企业能够顺利运营。

➢ 操作过程：出现弹窗，根据所预测的下月现金余额，判断是否需要融资。如需要融资，单击"需要融资"，系统进入融资地图；如不需要融资，单击"不需要融资"，系统则跳转至下个月实际运营。

➢ 操作结果：得出融资额。

➢ 实验前置知识：充分了解自己的项目内容，并做好资金预测。

➢ 实验过程提示：弹窗提示。

➢ 实验在线指导：遇到问题可随时联系在线指导老师。

步骤 6 的操作展示如图 9.8 所示，也可扫描二维码观看操作视频。

图 9.8　判断是否需要融资

第十章　初创运营期融资方式选择

第一节　初创运营期融资与启动资金融资差异

大学生创业运营期间，融资方式与启动资金融资方式有些不同，主要有以下几个不同点：

（1）融资对象的不同。启动资金融资主要面向个人或少数几个合作伙伴，而创业运营期间的融资主要是面向几个投资者、风险资本公司或银行等机构。

（2）风险与回报的平衡。启动资金融资主要是为了获得项目启动所需的最低资金，且风险与回报的平衡度相对较低。在创业运营阶段，融资需要考虑相对较高的回报率，但同时也要承担更高的风险。

（3）融资方式的多样化。创业运营期间可以通过多种方式进行融资，如股权融资、债权融资、天使投资、风险投资、众筹等。而启动资金融资往往只能依靠自己的资源或者借贷等方式进行。

（4）融资时的审查要求。创业运营期间的融资通常需要通过银行或风险投资公司的审查，需要提供该项目的财务报表、详细资料、市场研究、商业计划书、运营计划等信息。启动资金融资通常较为简单，需求量相对较小，不需要提供复杂的资料。

（5）融资对企业的影响。创业运营期间的大规模融资可能会带来资本估值、资金管理和财务管理方面的挑战，同时也可能引入新投资人对企业经营的干扰。启动资金融资通常较为简单，不会对企业管理和经营带来太大影响。

总体来说，大学生创业运营期间的融资需要更加谨慎和全面考虑，需要面对更多的风险和挑战，同时也有更大的机会和回报。

第二节　大学生创业运营初期可选融资方式

大学生创业运营初期的可选融资方式有以下几种：

（1）天使投资。天使投资是指个人或机构在创业公司的早期阶段提供资金支持，并期待获得高额回报。对于大学生创业者来说，天使投资可以帮助他们在初创阶段获得资金支持，同时还能为他们提供经验和人脉资源。

（2）众筹。众筹是指通过互联网平台，向公众募集资金来支持创业项目。大学生创业者可以通过众筹的方式获得资金来支持项目的开展，并且通过产品的推广和宣传，还能够获得更广泛的市场认可。

（3）创业竞赛。创业竞赛是指由政府、企业或社会组织举办的创业赛事，大学生创业者可以通过参加创业竞赛来获得资金和资源的支持，同时也能够提升自己的品牌影响力和创业能力。

（4）股权融资。股权融资是指投资者通过购买公司的股权来获得投资回报。大学生创业者可以通过股权融资来获得更多的资金支持，并且能够为公司引入更专业的管理人才和资源。

（5）信用贷款。信用贷款是指企业向银行申请的贷款，根据企业的信用等级和财务状况来获得资金支持。大学生创业者可以通过信用贷款来获得更多的流动资金，从而更好地经营企业。

（6）合伙人投资。合伙人投资是指在创业公司的早期阶段，一些个人或机构会与创始团队合作，投资资金以换取股权或其他形式的投资回报。这种投资方式在初创企业中很常见，因为这些企业通常缺乏资金和资源，而合伙人投资可以为创业公司提供必要的资金，同时也可以提供经验和知识，帮助创始团队在业务的早期阶段取得成功。请注意，合伙人投资涉及股权分配和风险共担，因此在选择合作伙伴和制定协议时需要非常谨慎。

总之，大学生创业者应该选择适合自己的融资方式，并根据自身情况和需求来进行合理融资规划。同时，也要注意合规运作，以免遭受法律风险。

第三节　创业竞赛相关知识及流程

当下，创业竞赛已经成为越来越多创业者获得资金、资源、市场的重要途径。以下是创业竞赛的相关知识和流程。

一、创业竞赛的定义

创业竞赛是指由政府、企业或社会组织举办的创业赛事，旨在发现和支持有潜力和有创新性的创业项目，促进创新创业的发展。

二、创业竞赛的形式

创业竞赛的形式包括但不限于项目路演、创业企业展示、商业计划比赛、创新设计竞赛等。

三、创业竞赛的价值

参加创业竞赛有助于提高创业者的知名度和信誉度，提升企业形象和品牌。同时，获得竞赛奖项的创业者还能得到丰厚的奖金和资源支持，如资金、技术、网络资源等。

四、创业竞赛的流程

1. 报名

创业者可以在官方网站或其他指定渠道上报名参赛。

2. 初选

主办方根据参赛项目提交的商业计划书和演示视频等材料进行初步筛选，并筛选符合条件的项目进入下一轮。

3. 面试

通过初选的项目将进入面试环节，主办方将邀请相关专业人士和投资人对项目进行面试，并评选出优秀的项目进入决赛。

4. 决赛

在决赛中，参赛项目将需要进行现场路演和展示，展示商业计划书、样品和 Demo 等。评委将根据创新性、可行性、市场前景等因素进行综合评价，最终评选出获奖项目。

5. 颁奖和资源支持

获得竞赛奖项的创业者可以获得丰厚的奖金和资源支持，如资金、技术、网络资源等。

总之，创业竞赛是一个展示、认可和支持创业者的平台，参赛者可以通过竞赛获得宝贵的资源和资金支持。但是，创业者需要注意不要过度依赖创业竞赛，还需要注重企业本身的运营和实力提升。

第四节　股权融资的相关知识及流程

当企业需要大量资金进行发展或扩张时，股权融资是一种常见的融资方式。以下是股权融资的相关知识和流程。

一、股权融资的定义

股权融资是指以股份为交换方式，向外部投资者发行股份以获得融资所得，投资者作为股东参与企业的所有权和经营管理。股权融资分为公开发行和非公开发行两种形式。

二、股权融资的价值

股权融资可以为企业提供大量资金，帮助企业进行扩张、升级等战略性投资，提高企业的市场份额和竞争力。同时，股权融资还有利于促进公司治理，增强股东权益，优化资本结构等。

三、股权融资的流程

1. 企业筹备

企业需要根据融资需求和筹备情况，制订相关融资计划，包括融资规模、资金用途、股份定价等。

2. 寻找投资者

企业需要通过各种途径寻找潜在的股份投资者，如私募基金、风险投资公司、券商等。

3. 尽职调查

企业需要对投资者进行尽职调查，包括投资者的经验、实力、资金来源等，避免遇到不良投资人或资本。

4. 协商股份价格

企业需要与投资人协商股份价格，制定股份转让协议，并签署相关合同。

5. 股份转让和获得融资

企业将私募股份转让给投资人，从而获得融资，完成股权融资。

6. 后续管理

企业需要与股份投资者合作，共同推进企业发展，定期披露企业信息，分配利润等。

总之，股权融资是一种重要的融资方式，可以为企业提供大量资金，帮助企业发展和成长。但是，企业在进行股权融资时需要注意风险防范、股权结构等问题，避免对企业发展产生不利影响。

第五节　创业中贷款

一、创业中贷款的概念

创业中贷款是指在创业期间向银行或其他金融机构申请的一种贷款形式。不同于创业前小额贷款，创业中贷款通常需要具有较强的抵押担保能力和良好的还款记录，同时贷款额度相对较高，利率也相对较高。

二、创业中贷款的主要特点

一是抵押担保。创业中贷款通常需要提供一定的抵押担保，如房产、车辆等，以确保贷款的安全性。

二是利率相对较高。由于创业中贷款的风险较高，贷款机构通常会通过提高利率来降低风险。

三是贷款额度相对较高。创业中贷款的贷款额度通常相对较高，可以满足较大规模的创业投资需求。

四是还款期限相对较长。相对于短期的创业前小额贷款，创业中贷款的还款期限相对较长，以便创业者有更长时间来偿还贷款。

对于创业者而言，创业中贷款可以提供必要的资金支持，确保其能够在创业期间顺利开展业务。同时，创业中贷款也可以为贷款机构带来一定的收益，帮助其拓展市场，提高业务水平。

三、创业中贷款的申请条件

创业中贷款的申请条件通常比较严格，需要申请人具备良好的创业计划和商业模式，同时还需要提供相应的财务报表和资料，以证明其还款能力和还款意愿。

总之，创业中贷款是一种重要的资金支持方式，但是需要创业者在创业前了解并掌握相应的申请条件和流程。

（一）短期贷款

短期贷款是指贷款期限为三个月到一年的贷款，利息为5%，到期需要还本付息。它的种类很多，包括生产周转借款、流动资金借款、结算借款、卖方信贷、临时借款，以及票据贴现借款。

短期贷款申请条件：需提供有效身份证件、常住户口证明或有效居住证明及固定住所证明、婚姻状况证明、银行流水、收入证明或个人资产状况证明、征信报告，以及贷款用途使用计划或声明等。

（二）长期贷款

长期贷款是指企业向银行或其他金融机构借入的、期限在一年以上（不含一年）或超过一年的一个营业周期以上的各项借款，利息为8%，到期需要还本付息。

长期贷款申请条件：需要以借款人或第三人的财产作为抵押物，并且需要提供有效身份证件、常住户口证明或有效居住证明及固定住所证明、婚姻状况证明、银行流水、收入证明或个人资产状况证明、征信报告，以及贷款用途使用计划或声明等。

（三）短期抵押贷款

短期抵押贷款是指申请借款企业以有价证券或其他财产作为抵押品，向银行提出申请，由银行按抵押品价值的一定比例计算发放的贷款，利息为8%，到期还本付息，最长1年。

短期抵押贷款条件：需抵押有价证券或其他财产，且需提供借款人的身份证明材料，借款人的收入证明材料，抵押物的相关证明材料。

第六节 实验操作

步骤7：运营融资方式选择

➤ 操作目的：使学生大概了解融资渠道，并且知晓根据自己的项目情况可以选择哪种融资方式，以及在每种融资方式中可以融到的资金额度。

➤ 操作过程：进入操作循环，自由选择融资渠道。可任意选择政府、银行、合伙人进行融资。

➤ 操作结果：出现弹窗，显示实际获得的融资额。

➤ 实验前置知识：了解每种融资方式，并了解企业目前可满足的融资条件。

➤ 实验过程提示：（1）动画人物解说形式：解释融资需要的条件和介绍各种融资渠道，模拟真实场景；（2）文字形式：简单介绍相关知识，以便于理解。

➤ 实验在线指导：查看融资相关政策。

步骤8：下月预算循环

➢ 操作目的：使学生能熟练填写资金需求预测表，并为学生是否需要继续融资提供依据，以保证下个月有充足的资金使企业顺利运营，这是平衡投资与信贷资源的重要方法。

➢ 操作过程：填写资金需求预测表，以判断是否需要融资，并于月末填写实际运营表，以此循环。

➢ 操作结果：得出下月资金支出预测表，实际运营结果会显示在财务报表里。

➢ 实验前置知识：需了解基本会计知识，如资产、费用类会计科目，以及了解不同的资产费用科目是如何计算出来的。

➢ 实验过程提示：系统会提示预测在第2/3/4/5/6个月资金支出。

➢ 实验在线指导：系统会将已设定的资金需求预测表以弹窗形式展示，学生只需要填写即可。

步骤8的操作展示如图10.1所示，也可扫描二维码观看操作视频。

图 10.1　填写经营预测表

初创期结束，可以输出实验结果，包括三大会计报表，如表 10.1 至表 10.3 所示。

表 10.1　　　　　　初创期现金流量表示例

项目名称	基期	1 月	2 月	3 月	4 月	5 月	6 月
现金流入							
自有资金	200000						
外部融入	810000				4	0	0
主营业务收入		0	160000	120000	300000	150000	150000
其他收入							
现金流入小计	1010000	0	160000	120000	300004	150000	150000
现金流出							
建设投资	603000	0	0	0	0	0	
项目前期费用	7500	0	0	0	0	0	
流动资金							
厂房租赁费	0	2500	2500	2500	2500	2500	2500
设备租赁费	0	0	0	0	0	0	0
办公场所及其设施租赁费	0	0	0	0	0	0	0
团队成员（管理人员）工资	0	12000	12000	12000	12000	12000	12000
聘用人员工资	0	0	0	0	0	0	0
生产耗材	0	180000	180000	180000	180000	180000	180000
办公耗用材料	0	600	700	700	700	600	700
研发费用	7500	2500	2500	2500	2500	2500	2500
生产运营支出	0	18500	18500	18500	18500	18500	18500
参展费、广告费等	10000	10000	10000	10000	10000	10000	10000
流动运营资金 $k = (a+b+c+d+e+f+g+h+i+j) \times r$	0	130000					
融资利息		500	500	500	500	500	500
本金归还		0	0	0	0	0	0
现金流出小计	628000	356600	226700	226700	226700	226600	226700
净现金流量	382000	−356600	−66700	−106700	73304	−76600	−76700
累计净现金流量	382000	25400	−41300	−148000	−74696	−151296	−227996

表 10.2 初创期资产负债表示例

项目名称	1 月	2 月	3 月	4 月	5 月	6 月
货币资金	563000	331000	217000	103000	37000	−77000
应收账款	96000	128000	128000	160000	128000	144000
产成品	90000	150000	150000	120000	150000	150000
流动资产合计	749000	609000	495000	383000	315000	217000
在建工程						
固定资产原值	453000	453000	453000	453000	453000	453000
折旧	3800	3800	3800	3800	3800	3800
无形资产原值	0	0	0	0	0	0
无形资产摊销	0	0	0	0	0	0
长期资产总计	449200	449200	449200	449200	449200	449200
资产总计	1198200	1058200	944200	832200	764200	666200
应付账款						
其他应付款						
熟人借款						
银行短期贷款	150000	150000	150000	150000	150000	150000
流动负债总额	150000	150000	150000	150000	150000	150000
长期贷款	0	0	0	0	0	0
特别贷款	100000	100000	100000	100000	100000	100000
其他长期负债						
负债合计	250000	250000	250000	250000	250000	250000
所有者权益						
股东资本	716000	716000		716000	716000	716000
利润留存						
年度净利	−163300	−115300	−115300	−67300	−115300	−91300
所有者权益合计	552700	600700	−115300	648700	600700	624700
负债及所有者权益总计	802700	850700	134700	898700	850700	874700

表 10.3 初创期利润表示例

月份	1 月	2 月	3 月	4 月	5 月	6 月
销售收入	0	160000	120000	300000	150000	150000
聘用人员工资	0	0	0	0	0	0
生产耗材	180000	180000	180000	180000	180000	180000
毛利	−180000	−20000	−60000	120000	−30000	−30000
综合管理费用						
（管理人员）工资	12000	12000	12000	12000	12000	12000
办公耗用材料	600	700	700	700	600	700
研发费用	2500	2500	2500	2500	2500	2500
生产运营支出	18500	18500	18500	18500	18500	18500
开办费、参展费、广告费等	10000	10000	10000	10000	10000	10000
折旧前利润	−223600	−63700	−103700	76300	−73600	−73700
折旧	5050	5050	5050	5050	5050	5050
息税前利润	−228650	−68750	−108750	71250	−78650	−78750
财务费用	500	0	0	0	0	0
利润总额	−229150	−68750	−108750	71250	−78650	−78750
所得税	0	0	0	0	0	0
净利润	−229150	−68750	−108750	71250	−78650	−78750

第三阶段　成长期融资演进

第十一章　区块链融资

第一节　区块链融资相关知识

一、区块链

区块链是以新技术为基础确立新的信任机制。区块链的应用场景丰富，基本上都基于区块链能够解决信息不对称问题，实现多个主体之间的协作信任与一致行动。它具有"不可伪造""全程留痕""可以追溯""公开透明""集体维护"等特征。这些特征保证了区块链的"诚实"与"透明"。

区块链按其开放程度划分为：①公有链：人人可参与。其特征是，系统最为开放，任何人都可以参与区块链数据的维护和读取，容易部署应用程序，完全去中心化，不受任何机构控制。②联盟链：仅限联盟成员参与。其特征是，系统半开放，需要注册许可才能访问的区块链。③私有链：仅限个人或公司内部参与。其特征是，系统最为封闭，仅限于企业、国家机构或者单独个体内部使用，不完全能够解决信任问题，但是可以改善可审计性。

二、区块链融资

区块链融资是一种新型的融资方式，通过区块链技术实现资金融通、信息共享、风险控制等功能。以下是区块链融资的相关知识：

1. 区块链融资的定义

区块链融资是指利用区块链技术实现资金融通、信息共享、风险控制等功能的融资方式。例如，通过发行数字代币，以加密货币或法定货币的形式获得融资，或者通过区块链技术实现股权融资。

2. 区块链融资的价值

区块链融资可以提高融资效率，降低融资成本，提高信息透明度和信任度。同时，区块链融资还有助于促进投资者和受融企业之间的合作和共赢。

三、区块链融资流程

1. 筹备

企业需要制订一份融资计划，包括资金用途、融资金额、数字代币发行方案等。

2. 发行数字代币

企业在区块链上发行数字代币，吸引投资者进行认购。投资者可以使用加密货币或法定货币购买数字代币。

3. 数字代币流通

数字代币可以在区块链上交易，受融企业可以通过数字代币获得融资。

4. 项目实施

受融企业需要按照计划用好融资资金，实施项目。

5. 数字代币分配

数字代币发行方需要按照协议约定，将数字代币分配给投资者。

四、区块链融资的安全风险

区块链融资面临着数字代币价格波动、网络攻击、投资者流动性等安全风险。企业需要建立有效的风险控制机制，保障数字资产安全。

总之，区块链融资是一种新型的融资方式，可以提高融资效率和信息透明度。但是，企业在进行区块链融资时需要注意安全风险防范和法律合规等问题，保障合法性和可持续性。

第二节　联盟链

一、联盟链的定义

联盟链是一种区块链关系链，只针对某个特定群体的成员和有限的第三方，其内部指定多个预选节点为记账人，每个块的生成由所有的预选节点共同决定，即仅限联盟成员参与。其特征是，系统半开放，需要注册许可才能访问。

企业可以通过注册成为联盟链成员，共享利益和资源。企业发生的相关业务根据联盟连的要求上链，上链业务在联盟内公开透明且不可篡改。从使用对象来看，联盟链仅限于联盟成员参与，联盟规模可以大到国与国之间，也可以是不同的机构企业之间。联盟链就像各种商会联盟，只有组织内的成员才可以共享利益和资源，区块链技术的应用只是为了让联盟成员间彼此更加信任。

二、利用联盟链融资

联盟链是一种区块链技术的应用形式，由多个组织或公司共同维护，只有获得这些组织或公司授权才能参与其中。利用联盟链进行融资的方式和流程如下。

1. 筹备

联盟链融资需要许多组织或公司进行协作，因此筹备阶段需要制定详细的计划，包括确定联盟链的成员、资金用途、融资金额等。

2. 搭建联盟链

联盟链的搭建需要联盟链的成员一同进行，需要共同确定联盟链的结构和规则，建立节点等。

3. 发行数字资产

联盟链融资通常使用数字资产发行的方式，数字资产可以是代币、股权等，联盟链的成员可以使用法定货币或加密货币认购数字资产。

4. 融资完成后的数字资产流通

数字资产可以在联盟链上流通、交易，投资者可以在联盟链上出售或转移数字资产。

5. 资金使用

企业需要按照计划用好融资资金，实施项目。

6. 数字资产分配

数字资产发行方需要按照协议约定，将数字资产分配给投资者。

联盟链融资的方案具有高度的灵活性和透明度，有利于企业在融资过程中降低成本，提高效率。但是，联盟链融资需要确保成员之间的合法合规性，保护投资者的权益，同时需要建立有效的风险控制机制，防范潜在的安全风险。

三、联盟链上的智能合约融资

在联盟链上，可以通过智能合约来实现融资。以下是在联盟链上通过智能合约进行融资的一般步骤：

第一步，确定发行代币的数量以及代币的属性。确定需要发行多少代币来进行融资以及代币的属性，如代币名称、代币符号、代币总量等。

第二步，设计智能合约。智能合约是一套自动执行的规则，可以通过代码实现，它定义了代币的发行和交易规则。在设计智能合约时，需要考虑代币发行、代币兑换、代币交易、代币销毁等方面的问题。

第三步，发布智能合约。将智能合约上传到联盟链上，并确保它已被所有成员节点验证和同意。

第四步，向智能合约地址转账。向智能合约地址转账，以获取代币。当代币发行量达到设定的上限时，智能合约将停止发行代币。

第五步，代币交易。代币的持有者可以在联盟链上直接进行交易，通过智能合约实现代币的销售和购买，同时智能合约会自动记录交易历史。

第六步，智能合约的执行。智能合约将根据预设规则和条件自动执行相关操作，如代币转移、代币销毁等。

通过智能合约进行融资，可以在保证安全和合规性的前提下，提高融资效率和透明度，降低融资成本，带来更好的融资体验。但需要注意的是，联盟链融资也需要遵守当地法律法规，确保融资活动的合法性。

四、购买智能合约保险

智能合约是基于区块链技术产生的不可篡改数据，可以自动化地执行一些预先定义好的规则和条款。就保险而言，如果每个人的医疗信息、风险发生信息等都是真实可信的，通过智能合约的购买，既无须投保人申请，也无须保险公司批准，只要触发理赔条件，就可以实现保单自动理赔。

第三节 联盟链上链流程及注意事项

联盟链注册上链的流程可能会因不同的联盟链平台而有所不同，这里简单介绍一下可能的一般流程。

第一，选择联盟链平台。选择一款适合自己业务的联盟链平台，如 Hyperledger Fabric、Corda、Ethereum 等。

第二，配置节点。根据联盟链平台的要求，配置自己的节点和身份验证方式等。

第三，创建智能合约。根据自己的业务需求，编写智能合约代码并在平台上创建。

第四，对合约进行测试和审核。在联盟链测试网络上部署合约并进行测试和审核，确保合约逻辑正确并满足业务需求。

第五，合约上链。部署合约到正式的联盟链网络上，并执行合约。在合约执行过程中，会生成新的区块并将数据存储到联盟链上。

第六，区块链浏览器查询。使用联盟链平台提供的区块链浏览器查询合约执行结果和区块链数据。

需要注意的是，为了保证联盟链网络的安全性和稳定性，联盟链平台通常会要求联盟成员进行身份验证和许可控制，只有通过验证的成员才能加入联盟和参与到合约的执行中来。同时，联盟链上的数据和交易信息也是保密的，只有拥有权限的成员才能访问和查询。

第四节 实验操作

步骤9：联盟链上链

➤ 操作目的：指导学生了解区块链有关知识，学会运用区块链进行融资。

➤ 操作过程：从寻找新融资方式开始对话，对话结束后，进行区块链融资。点击下方"去注册上链"按钮，并进行区块链上链。

➤ 操作结果：弹出对话框及指示标。

➤ 实验前置知识：区块链相关知识。

➤ 实验过程提示：点击"去注册上链"，弹出下一界面（见图11.1）；点击开始注册上链（见图11.2）。

➤ 实验在线指导：系统会将已设定的相关知识以弹窗形式展示，学生可根据需要查看。

步骤9的操作展示如图11.1至图11.2所示，也可扫描二维码观看操作视频。

图11.1 注册上链

图11.2 点击开始注册

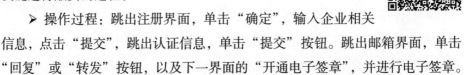

步骤10：联盟链融资

➢ 操作目的：指导学生了解区块链有关知识，掌握运用区块链进行融资的过程。

➢ 操作过程：跳出注册界面，单击"确定"，输入企业相关信息，点击"提交"，跳出认证信息，单击"提交"按钮。跳出邮箱界面，单击"回复"或"转发"按钮，以及下一界面的"开通电子签章"，并进行电子签章。

跳出邮箱界面签订购销合同，单击"回复"或"转发"及"签订合同"按钮。

跳出邮箱界面应收账款签收提示，单击"回复"或"转发"按钮进入下一界面。单击"签收"，跳出应收账款（区块链）直接付款操作。

跳出邮箱界面应收账款拆分提示，单击"回复"或"转发"按钮进入下一界面。单击"创建转让单"，并点击下一界面的"提交"按钮。跳出融资界面，根据金额填写区块链融资金额，单击"确定"。系统提示是否还需要继续融资，出现"需要融资"和"不需要融资"两个按钮，根据情况点击。

若需要融资，进入融资界面，前述已经提到，在此不再赘述；若不需要融资，系统提示是否扩大规模，可以点击"我要扩大规模"按钮。

➢ 操作结果：完成联盟链，签署电子签章，用区块链技术拆分应收账款。

➢ 实验前置知识：区块链知识。

➢ 实验过程提示：动画过程解说，了解区块链融资及应收账款拆分。

➢ 实验在线指导：（略）

步骤10的操作展示如图11.3至图11.10所示，也可扫描二维码观看操作视频。

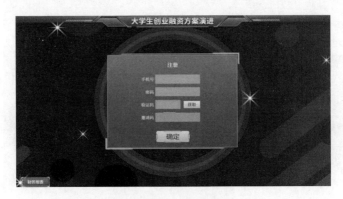

图11.3 注册信息

图 11.4 基本信息确定

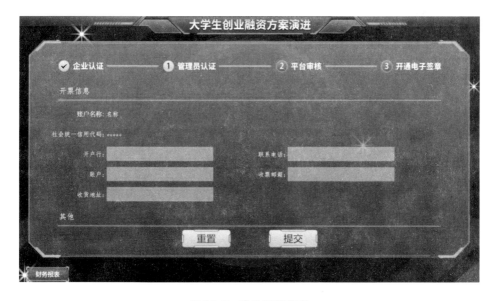

图 11.5 确认开票信息

图 11.6 签订购销合同

图 11.7 签订合同

图 11.8 签收操作

图 11.9 应收账款直接付款操作

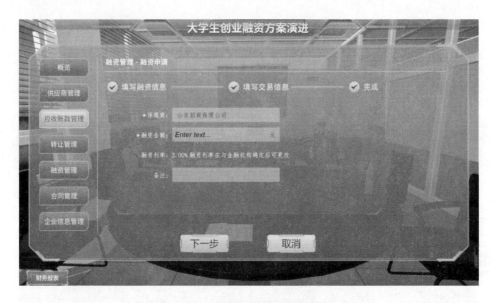

图 11.10 申请区块链融资

第十二章　创业成长期运营

第一节　创业成长期概述

一、创业成长期

创业成长期通常是指创业企业从启动初期（也称为种子期或早期阶段）进入到快速成长的阶段。在这个阶段，创业企业的产品或服务已经得到市场的认可，开始拥有稳定的客户群体和收入来源，同时也面临着不断增长的员工团队和业务规模的局面。创业企业在成长期需要不断优化自身的管理体系和商业模式，以应对快速变化的市场和竞争环境，同时也需要保持创新和实验精神，促进业务的扩大和巩固自身的市场地位。成长期也是创业企业获得投资和扩大市场份额的重要阶段。

二、创业成长期的特征

一是快速增长。企业的财务、员工和业务规模等快速增长。

二是资本需求。企业需要大量的资本投资，以支持其业务的扩大和发展。

三是人事管理。管理团队需要不断提升自身管理水平，包括人力资源管理、团队建设和文化建设等。

四是运营系统。企业需要建立健全的运营系统，包括财务管理、业务流程、风险管理等。

三、运营中创业成长期需要注意的问题

第一，资本管理。切勿过于追求高增长而忽略了对资本的控制，需要谨慎

管理资本，并在确保企业稳健的前提下，合理利用资本投资。

第二，人才引进。在成长期，企业需要不断扩大团队规模，但同时需要牢记在人才的招聘、培养和管理方面，需要保持目标导向和全局视野。

第三，市场拓展。创业企业需要在扩大产品或服务市场份额的同时，寻找新的增长点，不断拓展新的业务领域和市场机会。

第四，创新与维持。在成长期，企业需要注重创新，不断探索新的商业模式和技术手段，并维持自身的核心优势，保持市场竞争优势。

四、创业成长期的资金需求特点

一是高需求。在成长期，创业企业需要大量的资金来支持企业的快速发展，包括市场推广、产品研发、人才招聘、技术创新、设备采购等方面的支出。

二是高风险。创业企业在成长期仍然处于高风险的发展阶段，资金需求的来源和使用都需要承担更高的风险。

三是多元化。成长期的创业企业需要拓展多个资金来源，包括风险投资、股权融资、债权融资等多种方式，以提高融资的效率和成功率。

四是长期性。创业企业需要拥有长期稳定的资金来源，以保证企业的持续发展和成长。

五是盈利性。成长期的创业企业需要在资金的支持下逐渐实现盈利，以保证企业的持续性和可持续性发展。

总之，在创业成长期，企业需要应对各种挑战和机遇，要合理规划资金的来源和使用，以保证企业的顺利发展。

第二节　扩大创业企业经营规模

一、扩大经营规模

经营规模即企业的大小，企业的大小主要按照企业的总资产、主营业务收入或者是从业人员数量来确定。扩大经营规模是指企业通过加大生产要素投入、并购其他企业等形式，实现企业规模扩张，增强竞争优势，获取规模效益的行为。

大学生创业一定时期后，适时进行扩大经营是创业企业成长的关键。

二、判断创业企业是否能够扩大运营规模的条件

大学生创业时，判断是否扩大运营规模可以考虑以下几个方面：

第一，市场需求是否足够大。判断市场需求是否足够大，能支持企业扩大规模，这是非常重要的。可以通过市场调研、消费者反馈等方式来了解。

第二，资金是否充足。企业是否有足够的资金来扩大规模，是判断是否进行扩张的重要因素。需要考虑是否能够通过自有资金或者外部融资来满足扩张的资金需求。

第三，人力资源是否充足。企业是否有足够的人力资源来支持其扩张计划也是需要考虑的内容。需要评估组织结构、岗位设置、招聘计划等方面的问题。

第四，供应链是否可靠。企业的供应链是否可以支持扩张计划也是需要考虑的内容。需要评估供应商的能力、信誉度、稳定性等方面的问题。

第五，技术和运营能力是否足够。企业是否具备足够的技术和运营能力来支持扩大规模也很重要。需要评估企业的技术实力、管理能力、运营效率等方面的问题。

综合考虑以上几个因素，可以判断企业是否具备扩张的条件。如果企业具备足够的市场需求、资金、人力资源、供应链和技术能力等条件，同时能够合理规划和控制扩张计划，那么进行扩张可能会带来更多的机会和利益。

第三节　扩大规模融资需求测算

大学生创业扩大运营规模的融资需求可以通过以下几个步骤进行测算：

第一步，制订扩张计划。确定需要扩张的规模、方向、必要的投入等，以及扩张后的收入、利润等预期指标。

第二步，衡量扩张收益与成本。评估扩张计划的投入产出比，包括扩张后的收入、成本、利润等，判断是否值得扩张。同时，也要考虑风险和不确定性因素，如市场变化、竞争压力等。

第三步，估算融资需求。根据扩张计划和投入需求，估算所需融资金额。可以通过制定资金计划、预算计划等方式来确定融资需求。

第四步，确定融资方式。根据融资需求、融资成本和融资目的等因素，选择适合的融资方式，如银行贷款、天使投资、风险投资等。

第五步，编制融资方案。根据融资需求和融资方式，制定详细的融资方案，包括融资用途、融资条件、融资期限、融资利率、抵押品等。

以上是测算大学生创业扩大运营规模的融资需求的一般步骤，需要根据实际情况进行具体操作和调整。同时需要注意，融资需要谨慎评估和把握，避免过度融资和融资失败对企业和创业者产生负面影响。

第四节　实验操作

步骤11：扩大规模判定

➤ 操作目的：根据项目计划及现有资金状况来判定是否扩大规模。

➤ 操作过程：系统提示是否扩大规模，点击"我要扩大规模"，填写相应表格扩大规模。若前期没有准备项目，弹出厂房界面及人物操作提示，右键拖动厂房，进行厂房的扩建选择。

➤ 操作结果：财务报表中会扣减扩建部分的耗费。

➤ 实验前置知识：规模报酬。

➤ 实验过程提示：按钮"我要扩大规模"，填写相应表格扩大规模；前期没有自己的项目，弹出厂房界面，右键拖动厂房，进行厂房的扩建选择。

➤ 实验在线指导：学生根据自己的计划及融资额，自行判断是否需要扩大生产，挑选材料尽可能保证成本最小。

步骤11的操作展示如图12.1至图12.4所示，也可扫描二维码观看操作视频。

图 12.1　扩大规模判定

图 12.2　填写扩大规模所需人员和物资的数量及金额

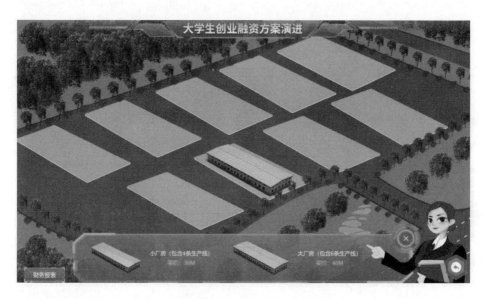

图 12.3 厂房的扩建选择

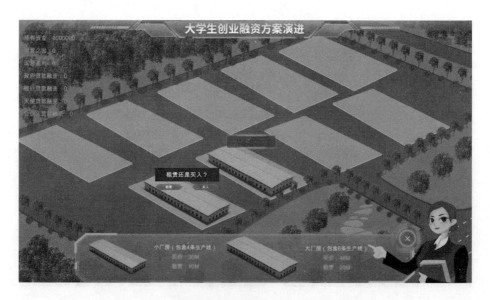

图 12.4 厂房建设方式选择

步骤12：下个半年资金预算

➤ 操作目的：使学生能熟练填写资金需求预测表，并为学生是否需要继续融资提供依据，以保证下个半年有充足的资金使企业顺利运营，这是平衡投资与信贷资源的重要方法。

➤ 操作过程：填写资金需求预测表，以判断是否需要融资。

➤ 操作结果：得出下个半年资金支出预测表，得到下个半年现金余额预测值。

➤ 实验前置知识：了解基本会计知识。

➤ 实验前置知识：影响公司下个半年资金支出预测的因素。

➤ 实验在线指导：系统会将已设定的资金需求预测表以弹窗形式弹出。

步骤12的操作展示如图12.5所示，也可扫描二维码观看操作视频。

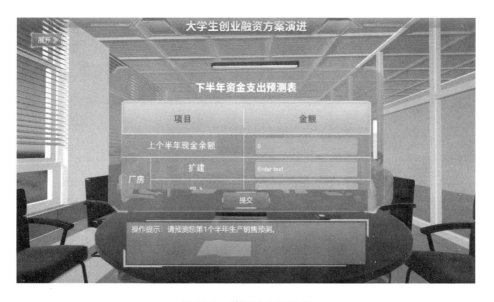

图12.5 填写资金预测表

步骤13：外部融资预算

➤ 操作目的：学生根据下个半年现金余额预测值，判断是否需要进行下一步融资，并确定需要筹集的资金数额，以确保下期企业能够顺利运营。

➤ 操作过程：出现弹窗，根据所预测的下个半年现金余额，判断是否需要融资，如需要融资，单击"需要融资"，系统进入融资地图。如不需要融资，单击"不需要融资"，系统则跳转至下个半年实际运营。

> 操作结果：得出下个半年现金余额预测值。

> 实验前置知识：充分了解自己的项目内容，并做好资金预测。

> 实验过程提示：弹窗提示。

> 实验在线指导：（略）

步骤 13 的操作展示如图 12.6 所示，也可扫描二维码观看操作视频。

图 12.6　外部融资额预算

第十三章　创业成长期融资

第一节　大学生创业成长期融资方式

创业成长期的融资方式包括内源融资和外部融资两大类。

一、内源融资

内源融资是指企业通过自身再投资和利润留存的方式获取资金，而不是通过外部融资来获得所需的资金。内源融资的主要方式包括以下几种：

1. 内部融资

企业内部转移资金，进行内部借贷或者资本注入等方式进行融资。例如，可以通过利用自有资金或者资产抵押等方式来获取所需的融资。

2. 利润留存

企业通过留存部分利润来重新投资或者扩大营业规模。利润留存可以增加公司的稳定性和可持续性，同时也可以减少公司的财务风险。

3. 股权再投资

企业通过再投资的方式，将部分或全部的利润用于新的项目或业务的开展。这种方式可以增加公司未来的盈利潜力和增长速度。

4. 资产处置

企业通过出售不必要的资产，或者租赁设备等方式来获得资金。这种方式可以帮助企业快速获得所需的融资，但需要注意处置的资产是否会影响企业正常的业务运转。

内源融资相对于外部融资来说，具有较低的风险和成本，但是需要企业自身具备一定的规模和实力。同时，内源融资面临的挑战包括资金有限、投资风险高、项目周期长等。因此，企业在决策融资方式时，需要根据自身的情况权衡利弊，合理选择合适的融资方式。

二、外部融资

在创业成长期，尤其是在规模扩张期，企业通常需要大量的资金来推动业务的发展，而外部融资是一个常见的融资方式。以下是创业成长期外部融资的几种渠道：

1. 创业竞赛

大学生创业竞赛为大学生提供展示自己创业计划和创新产品的机会，并提供创业投资和资源支持，参与者可以获得创业所需的融资和资源。

2. 政府创业基金

政府也会设立创业基金来支持和鼓励大学生创业，大学生可以申请该基金以获得资金、技术、资源等支持。

3. 天使投资

天使投资人是一些富有经验的投资人，在创业初期他们会为创业者提供资金和资源支持，帮助其实现创业目标。

4. 众筹

利用互联网平台，创业者可以发起众筹项目，向社会公众募集资金和资源支持。

5. 股权融资

在企业未上市之前，创业者可以通过向投资人出售股权等方式来获得融资支持。

6. 区块链融资

区块链融资是指利用区块链技术进行融资活动的过程，它的特点是去除传统融资过程中的中介环节，实现直接、快速、低成本的融资。在区块链融资中，发行方可以通过发行数字资产或加密货币等方式直接向投资者募集资金，而投资者则可以直接通过区块链平台参与到融资活动中来。由于区块链技术的特点，融资过程中的交易是去中心化的，所有交易数据都被记录在区块链上，从而保障了交易的安全性。目前，区块链融资已经成为一种新型的融资模式，备受关注。

7. 贷款

贷款是一种常见的融资方式，企业可以通过向银行或其他金融机构申请贷款来获得所需的资金支持。贷款需要企业具备一定的信誉和抵押物作为担保，同时还需要承担支付利息和还款等成本。

8. 租赁

租赁可以帮助企业获得资产的使用权，同时还可以避免直接购买资产所带来的投资风险和成本。例如，企业可以通过租赁设备、办公场地等方式来降低初始投资。

大学生创业者面临着融资难的问题，需要通过多种方式来筹集资金和资源支持，以实现创业梦想。需要注意的是，不同的融资渠道具有各自的特点和适用范围，在选择融资渠道时需要根据自身的情况进行权衡和选择。

第二节　政府创业基金

一、政府创业基金概述

政府创业基金是由政府出资设立的，专门用于支持创业项目的基金。其主要目的是鼓励和促进创新创业、推动区域经济发展和就业增长。政府创业基金通常由政府部门、研究所、高校、企业和投资机构共同出资组成，依靠专业投资机构进行投资管理。

政府创业基金投资的项目包括各种创新型企业、高新技术企业、战略性新兴产业等。政府创业基金通常采用有限合伙制或信托制等基金模式，由专业投资机构进行管理和操作。

政府创业基金的投资形式多样，可以是股权投资、债权投资、组合投资等。政府创业基金在投资决策时通常会结合市场情况、技术优势、商业模式、团队等多个因素进行综合评估，以保证投资项目的可行性和投资回报。

政府创业基金的支持对于创业者来说具有重要的意义：一方面，可以提供资金帮助；另一方面，还可以为创业项目提供稳定的资源支持和市场渠道，帮助创业项目实现快速发展和持续壮大。

二、政府创业基金的优缺点

政府创业基金是由政府设立和管理的一种创业投资基金，旨在鼓励和支持创新型、高成长性企业的发展。

（一）政府创业基金的优点

1. 政策扶持

政府创业基金的设立是政府为了鼓励创业和支持优秀创业企业而采取的积极措施，能够提供创业企业所需的政策和法律保障。

2. 资金支持

政府创业基金能够为创业企业提供种子资金、初创资金和成长资金等多层次的资金支持，能够帮助创业企业解决资金短缺问题，提高企业的生存和发展能力。

3. 投后服务

政府创业基金通常会提供企业管理、市场营销、法律咨询等方面的投后服务，帮助创业企业提高管理水平、扩大市场份额、降低风险等。

4. 资源整合

政府创业基金可以整合政府的资源，包括人力、财力、物力等，为创业企业提供更好的服务和支持，帮助企业获得更多的业务机会和资源。

5. 社会效益

政府创业基金支持创新型、高成长性企业的发展，能够促进经济增长、创造就业机会，有利于推动社会进步和发展。

6. 经济效益

政府创业基金提供的资金通常比市场利率要低，因此可以帮助初创企业获得更多的融资机会。

综上所述，政府创业基金的优点在于政策扶持、资金支持、投后服务、资源整合和社会效益等方面，能够为创业企业提供全方位的支持和帮助，促进创业企业的快速发展和壮大；可以为缺乏资金的初创企业提供资金支持，促进其发展；利用政府创业基金可以增加初创企业的成功率，同时还可以促进地方经济的发展。

（二）政府创业基金的缺点

政府创业基金作为一种政府推行的政策性战略措施，虽然具有很多优点，但也存在以下几个缺点：

1. 风险管理

政府创业基金通常把风险管理作为一项非常重要的任务，但是政府创业基金的方法和手段在风险管理方面还有很多不足之处，很难进行全面、科学、系统的风险评估和管理，导致创业企业面临较高的风险。

2. 可持续性

政府创业基金的资金来源多来自政府财政资金，容易受制于财政预算和政策调整。资金的不确定性会对创业企业的发展带来很大的风险。

3. 行政干预

政府创业基金的资金来源和管理都与政府紧密相关，政府在资助中可能会加入各种政策考量或行政干预，导致企业的发展受到影响。

4. 市场定位

政府创业基金在市场上的定位可能存在问题，可能会面临投资对象不透明、市场需求不匹配等，从而导致资金利用效率不高。

5. 市场参与度

政府创业基金基于对市场的判断而进行投资，但是在市场的竞争中，政府往往难以与市场参与者一样具备先见性和敏捷性，从而导致资金效率不高。

综上所述，政府创业基金的缺点主要包括风险管理不足、可持续性差、行政干预、市场定位不合理和市场参与度不足等方面的问题，需要政府在推进创业基金时更加注重科学规划、风险控制和投资效率的提高。

三、政府创业基金的适用范围

政府创业基金适用于初创企业在创业初期需要资金扶持的情况，尤其是在企业发展初期，缺乏更多的资金来源的情况。政府创业基金通常会重点支持那些高科技领域、社会公益和有重大意义的项目，以及那些对区域经济和社会有积极影响的项目。同时，政府创业基金还适用于一些创新型企业，这些企业具有独特的技术优势和前瞻性的创新思路，但是在融资方面相对困难。具体如下：

（1）创新型企业。政府创业基金着眼于支持具有创新理念和技术的企业，这有助于推动技术创新和经济增长。

（2）高成长性企业。政府创业基金提供资金支持和投后服务，对于高成长型企业具有显著的促进作用，有助于企业扩大市场份额和业务规模。

（3）中小企业。政府创业基金的资助对象多是中小企业，这类企业通常面临资金短缺和管理等问题，政府创业基金能够为其提供必要的资金和服务支持。

（4）新兴产业。政府创业基金重点支持新兴产业的发展，如生物医药、新能源、节能环保等，有助于推动新兴产业的创新和发展。

（5）重点领域。政府创业基金对于国家重点发展领域的创业企业给予特别关注和支持，如智能制造、"互联网＋"，文化创意等。

（6）非营利组织。政府创业基金也可以针对非营利组织的创新型或社会创新项目提供资金支持，以促进社会创新和公益事业的发展。

总的来说，政府创业基金适用于创新型、高成长型、中小企业等不同类型的企业，以及新兴产业、重点领域和社会创新等不同领域的项目和组织。

第三节　融资租赁

一、融资租赁的概念

融资租赁是指企业以租赁方式获取资产使用权，在租赁期限结束后，可选择购买该资产或者续租使用权的一种融资方式。

二、融资租赁的优缺点

（一）融资租赁的优点

1. 融资租赁可以降低企业的资产购买成本，因为企业无须一次性支付全部购买价款，而是将支出分摊到每期租金中。

2. 在租赁期限结束后，企业可以选择购买该资产，避免了因为资产价值下降而亏损的风险。

3. 融资租赁通常资金到位较快，可以支持企业快速扩张。

（二）融资租赁的缺点

1. 融资租赁的租金一般比贷款利率高，导致企业承担额外的成本。

2. 如果企业期望长期使用租赁资产，融资租赁可能会比购买资产更加昂贵。

3. 融资租赁通常有较为严格的限制和约束，如不得擅自改变租赁物的性质等，企业的自主性可能受到一定限制。

三、融资租赁的适用范围

融资租赁通常适用于企业短期资金周转需求大，同时需要进行固定资产的投资的情况。例如，企业在技术更新时需要租赁最新的设备或器材；企业刚起步，缺乏足够的抵押物用于申请抵押贷款以获得融资支持；企业经营状况相对不稳定，难以获得传统融资渠道的情况下，适合选择融资租赁的方式。另外，融资租赁还适用于那些重资产行业，如航空、海运、能源等，由于这些行业的资产价格数量巨大，采用融资租赁可以更好地帮助企业分散风险。

第四节　实验操作

步骤 14：融资方式选择

➤ 操作目的：使学生了解融资渠道，并且能够根据自己的项目情况选择合适的融资方式，以及采用不同融资方式可以筹到的资金额度。

➤ 操作过程：进入操作循环，自由选择融资渠道（在该步骤增加区块链融资方式的选择）。

➤ 操作结果：显示实际获得的融资额。

➤ 实验前置知识：了解每种融资方式，预测下期的资金需求。

➤ 实验过程提示：（1）动画人物解说形式：解释融资需要的条件和介绍

各种融资渠道，模拟真实场景；（2）文字形式：简单介绍相关知识，以便于学生理解。

➤ 实验在线指导：查看融资相关政策。

步骤14的操作展示如图13.1所示，也可扫描二维码观看操作视频。

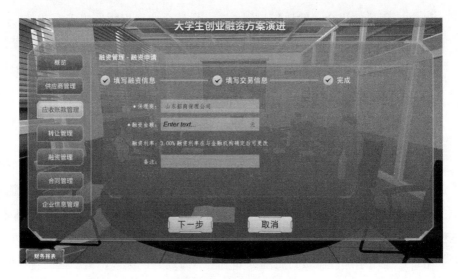

图13.1　区块链融资

步骤15：投产运营第二期

➤ 操作目的：让学生了解投产运营的流程，了解需要投产的产品种类以及投产后产品的生产流程。

➤ 操作过程：根据项目本期实际运营的需要，填写实际运营表（前期没有准备的，可根据市场调研表填写）。（1）参数设置：产品种类、名称、每种产品所需原材料价格及生产完的成品价格等。（2）操作方式：进入厂房模拟实景，拥有厂房以后，右键点击"厂房"进入产品界面，将需要生产的产品拖入厂房进行生产，选好生产的产品以后，选择每条生产线可生产的数量、人员成本、预计收入，点击进入生产，进入下一步。

➤ 操作结果：得到相关财务报表的数据（投产运营后知道生产什么产品，生产多少，计算产品生产过程中发生的各项费用，预测预期收入，并扣减本过程所产生的一切耗费，系统后台计入财务报表）。

➤ 实验前置知识：（1）了解企业正常运行需要哪些方面的资金，并正确计算相关金额。（2）提前掌握如何计算成本费用。

➤ 实验过程提示：文字图画形式：产品种类及产品所需原材料的概述，产品图片，厂房图片。可以选择产品种类，拖动至"厂房"，同时下面会出现本期生产的产品的一个总结图片。

➤ 实验在线指导：系统会将已设定的资金投入预测表以弹窗形式弹出来，操作者只需要填写即可。

步骤 15 的操作展示如图 13.2 至图 13.5 所示。

图 13.2　前期有准备的实际运营

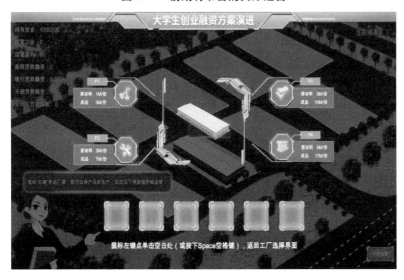

图 13.3　生产产品（前期没有准备）

189

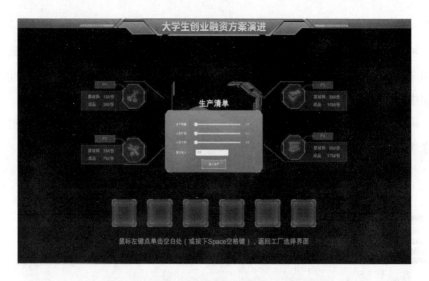

图 13.4　生产清单选择（前期没有准备）

图 13.5　开始生产（前期没有准备）

步骤 16：第三期经营预测

➢ 操作目的：使学生能够按照一定思路填制第 2 年上半年的资金支出预测。同时，为下一步是否需要继续融资提供依据，以保证第 2 年上半年有充足的资金使企业顺利运营，这是平衡投资与信贷资源的重要方法。

➢ 操作过程：填写资金支出预测表。

➢ 操作结果：根据现金余额预测值，判断是否需要融资。

➢ 实验前置知识：了解企业正常运行需要哪些方面的资金，并正确计算相关金额。

➢ 实验过程提示：系统会将已设定的资金投入预测表以弹窗形式弹出来，填写即可。

➢ 实验在线指导：可联系在线指导老师，并可加入指导群。

步骤 16 的操作展示如图 13.6 所示。

图 13.6　第三期经营预测

步骤 17：外部融资额计算

➢ 操作目的：学生根据下月现金余额预测值，判断是否需要进行下一步融资，并确定需要融集的资金数额，以确保下期企业能够顺利运营。

➢ 操作过程：出现弹窗，根据所预测的下月现金余额，判断是否需要融资。如需要融资。单击"需要融资"，系统进入融资地图；如不需要融资，单击"不需要融资"，系统则跳转至下个月实际运营。

➢ 操作结果：得出融资额。

➢ 实验前置知识：充分了解自己的项目内容，并做好资金预测。

➢ 实验过程提示：弹窗提示。

➢ 实验在线指导：查看融资相关知识。

步骤 18：融资方式选择

➤ 操作目的：使学生大概了解融资渠道，并且能够根据自己的项目情况选择合适的融资方式，以及采用不同融资方式可以筹集到的资金额度。

➤ 操作过程：进入操作循环，自由选择融资渠道。可进入的融资机构有区块链、银行、政府、合伙人。

➤ 操作结果：显示实际获得的融资额。

➤ 实验前置知识：了解每种融资方式，预测下期资金需求。

➤ 实验过程提示：（1）动画人物解说形式：解释融资需要的条件和介绍各种融资渠道，模拟真实场景；（2）文字形式：简单介绍相关知识，以便于学生理解。

➤ 实验在线指导：查看融资相关政策。

步骤 19：投产运营第三期

➤ 操作目的：了解投产运营的流程，了解需要投产的产品种类以及投产后产品的生产流程。

➤ 操作过程：根据项目本期实际运营的需要，填写实际运营表（前期没有准备的，可根据市场调研表填写）。（1）参数设置：产品种类、名称、每种产品所需原材料价格及生产完的成品价格等。（2）操作方式：进入厂房模拟实景，拥有厂房以后，右键点击"厂房"进入产品界面，将需要生产的产品拖入厂房进行生产，选好生产的产品以后，选择每条生产线可生产的数量、人员成本、预计收入，点击进入生产，进入下一步。

➤ 操作结果：得到相关财务报表的数据（投产运营后生产产品的数量，生产过程中发生的各项费用，预测预期收入，并扣减本过程所产生的一切耗费）。

➤ 实验前置知识：（1）了解企业正常运行需要哪些方面的资金，并正确计算相关金额。（2）提前掌握如何计算成本费用、产品价格。

➤ 实验过程提示：解释相关项目。文字图画形式：产品种类及产品所需原材料的概述，产品图片，厂房图片。可以选择产品种类，并拖动至"厂房"，同时下面出现本期生产的产品的一个汇总。

➤ 实验在线指导：系统会将已设定的资金投入预测表以弹窗形式弹出来，操作者填写即可。

步骤 19 的操作展示如图 13.7 至图 13.10 所示。

图 13. 7 前期有准备的实际运营

图 13. 8 生产产品（前期无准备）

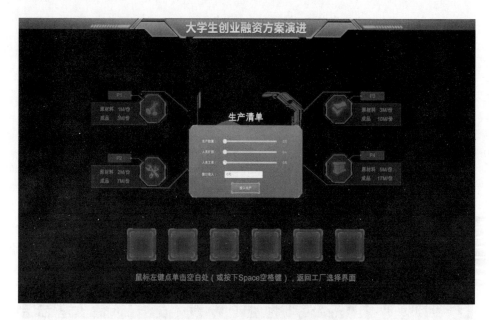

图 13.9　生产清单选择（前期无准备）

图 13.10　开始生产（前期无准备）

步骤 20：下期运营循环

与投产运营第三期类似，不再赘述。

第十四章　实验报告

第一节　实验报告

一、实验效果评估

系统自动对学生各个步骤的操作进行赋分并与课前考核得分累加，形成实验操作成绩。实验过程中，如果筹不到资金的 80%，系统将自动告知破产退出，破产后可以重新操作实验，直到能够持续运营，直至结束。

二、撰写并提交实验报告

实验完成之后，学生从个人体会、理论联系实际和新的建议或见解三个方面填写心得体会（见图 14.1）。

图 14.1　填写心得体会

三、导出实验报告

实验报告输出的内容中包括三大财务报表，如表 14.1 至表 14.3 所示。

表 14.1 成长期现金流量表示例

项目名称	基期	第一年上半年	第一年下半年	第二年上半年	第二年下半年	第三年上半年	第三年下半年
现金流入							
自有资金	766000						
外部融入	250000				4	0	0
主营业务收入		1176000	2200000	2240000	2160000	2160000	2160000
其他收入							
现金流入小计	1016000	1176000	2200000	2240000	2160004	2160000	2160000
现金流出							
建设投资	453000	0	0	0	0	0	
项目前期费用	7500	0	0	0	0	0	
流动资金							
厂房租赁费	0	2500	15000	15000	15000	15000	15000
设备租赁费	0	0	0	0	0	0	0
办公场所及其设施租赁费	0	0	0	0	0	0	0
团队成员（管理人员）工资	0	24000	24000	24000	24000	24000	24000
聘用人员工资	0	0	0	0	0	0	0
生产耗材	0	1620000	1620000	1620000	1620000	1620000	1620000
办公耗用材料	0	6000	6000	6000	6000	6000	6000
研发费用	7500	15000	15000	15000	15000	15000	15000
生产运营支出	0	96000	96000	96000	96000	96000	96000
参展费、广告费等	10000	60000	60000	60000	60000	60000	60000
流动运营资金 $k = (a+b+c+d+e+f+g+h+i+j) \times r$	0	70000					
融资利息		0	10500	9000	0	0	7800
本金归还		0	250000	150000	0	0	50000
现金流出小计	478000	1893500	2096500	1995000	1836000	1836000	1893800
净现金流量	538000	−717500	103500	245000	324004	324000	266200
累计净现金流量	538000	−179500	−76000	169000	493004	817004	1083204

表 14.2　　　　　　　　　　　成长期资产负债表示例

项目名称	第一年上半年	第一年下半年	第二年上半年	第二年下半年	第三年上半年	第三年下半年
货币资金	563000	–17000	136500	381500	705500	1029500
应收账款	784000	944000	864000	864000	864000	864000
产成品	150000	0	0	0	0	0
流动资产合计	1497000	927000	1000500	1245500	1569500	1893500
在建工程						
固定资产原值	453000	453000	453000	453000	453000	453000
折旧	22800	22800	22800	22800	22800	22800
无形资产原值	0	0	0	0	0	0
无形资产摊销	0	0	0	0	0	0
长期资产总计	430200	430200	430200	430200	430200	430200
资产总计	1927200	1357200	1430700	1675700	1999700	2323700

表 14.3　　　　　　　　　　　成长期利润表示例

项目	第一年上半年	第一年下半年	第二年上半年	第二年下半年	第三年上半年	第三年下半年
销售收入	1176000	2200000	2240000	2160000	2160000	2160000
聘用人员工资	0	0	0	0	0	0
生产耗材	1620000	1620000	1620000	1620000	1620000	1620000
毛利	–444000	580000	620000	540000	540000	540000
综合管理费用						
（管理人员）工资	24000	24000	24000	24000	24000	24000
办公耗用材料	6000	6000	6000	6000	6000	6000
研发费用	15000	15000	15000	15000	15000	15000
生产运营支出	96000	96000	96000	96000	96000	96000
开办费、参展费、广告费等	60000	60000	60000	60000	60000	60000
折旧前利润	–645000	379000	419000	339000	339000	339000
折旧	22800	22800	22800	22800	22800	22800
息税前利润	–667800	356200	396200	316200	316200	316200
财务费用	0	0	0	0	0	0
利润总额	–667800	356200	396200	316200	316200	316200
所得税	0	0	0	0	0	0
净利润	–667800	356200	396200	316200	316200	316200

四、结束实验

在以上步骤中，除实验准备和效果评估外，实验操作的 20 个步骤均以学生的交互性操作为主体。操作形式以输入、计算、选择为主，听对话、查阅参考资料为辅。在整个实验项目中，学生需要进行的交互性动作多达上百个。

第二节 实验结果与结论

一、实验可能的结果

真实的创业活动没有固定解法、无标准答案，创业者凭借对创业过程中资金耗费和回收的关注和分析，结合融资知识、财务知识等进行思考和分析，提出解决方案。因此，实验项目没有固定的"解法"，每位学生的每一次实验都是一次全新的挑战，通过对知识的不断深入理解，汇总推演出最佳的资金良性循环方案，从而为学生提供一个尽可能"真实"的创业资金循环周转的情景。具体实验结果见表 14.4。

二、实验结论

学生最终的实验成绩以学生在虚拟仿真实验中的整体表现进行量化打分，通过得分情况及成绩分析来反映学生对各知识点的掌握程度。

得分高于 90 分，说明学生对知识群应用较为熟练，可组织项目小组寻求创业教师的线下指导；得分为 70 ~ 89 分，说明学生基本掌握了相关知识，建议学生通过反复实验练习，提升操作的熟练度，以达到实验目的，但须谨慎将计划书应用于实践环节；得分低于 70 分，说明学生在实验技术方法的理解和应用上未达标，建议系统学习相关专业课程及财务知识技能，熟悉各项工作的操作流程、技术要求和成果质量，通过线下巩固和线上练习，提高实验的整体水平。

表 14.4　实验可能的结果

序号	实验步骤（仿真对象）	参数 1	参数 2	实验结果说明	结果	结果类型
1	创业启动资金预测	前期有调研	个人调研结果	个性化	显示不同的资金预测额	金额数据
		实验预设项目	大厂房、小厂房、自动化	多种组合	显示不同的资金预测额	金额数据
2	融资需求额计算	根据自有资金的不同而不同		个性化结果	显示融资需求求额	重新开始集融资或进入下一步融资环节
3	初创融资方式选择	政策资助金	参数表	多种选择、两类结果	融到资金/融不到资金	下一步投资运营/无法开始创业，重新开始试验
		寻找合作伙伴	参数表	多种选择、两类结果	同上	同上
		天使投资	参数表	多种选择、两类结果	同上	同上
		特别贷款		多种选择、两类结果	同上	
4	第 1 月投产运营		产品卖出	个性化结果	运转顺利	下一步经营预测
			滞销	个性化结果	同上	同上
5	下月经营预测		据下月投产设计	个性化结果	显示下月经营需求额	同上
6	外部融资额计算	根据账面现金余额的不同而不同		个性化结果	显示外部融资额	金额数据
7	运营融资方式选择	政策资助金	参数表	多种选择、两类结果	融到资金/融不到足额资金	金额数据
		抵押贷款	参数表	多种选择、两类结果	融到资金/融不到足额资金	下一步投资运营/创业失败、退出试验 或者重新开始试验
		寻找合作伙伴	参数表	多种选择、两类结果	融到资金/融不到足额资金	同上
8	经营循环 5 个月	循环	同上一月	同上	同上	
9	联盟链注册			唯一	注册成功	可观察

续表

序号	实验步骤（仿真对象）		参数1	参数2	实验结果说明	结果	结果类型
10	业务上链				唯一	上链成功	可观察
11	下期资金预算		根据扩大规模不同而不同	根据经营情况不同而不同	个性化结果	显示资金预算额	金额数据
12	外部融资预算		根据扩大规模不同而不同	根据账面现金额不同而不同	个性化结果	显示外部融资预算额	金额数据
13	融资方式选择	区块链融资		参数表	不唯一/两种选择	融到足额资金/融不到足额资金	下一步投资运营/创业失败，退出或者重新开始试验
		银行贷款		参数表	不唯一/两种选择		
		政策性帮扶		参数表	不唯一/两种选择		
		寻找合作伙伴		参数表	不唯一/两种选择		
14	投产运营第二期		同第一期	同第一期	同第一期	同第一期	同第一期
15	扩大规模决策		市场需求	企业产能	不唯一	扩大规模/不扩大规模	扩大规模失败，维持原状或重新开始试验
16	第三期经营预测		运营情况	财务数据	个性化结果	显示经营预测额	金额数据
17	外部融资额计算		根据扩大规模不同而不同	根据账面现金额不同而不同	个性化结果	显示外部融资额	金额数据
18	融资方案设计			参数表	不唯一/多种选择	融到资金/融不到定额资金	下一步投资运营/创业失败，退出或者重新开始试验

续表

序号	实验步骤（仿真对象）	参数1	参数2	实验结果说明	结果	结果类型
19	投产运营第三期	同第一期	同第一期	同第一期	同第一期	同第一期
附加	突发事件损失预估	突发事件影响程度	突发事件严重程度	个性化结果	显示损失预估费	金额数据
	资金短缺预算		资金损失不同而不同	个性化结果	显示资金短缺预算额	金额数据
	经营预测	运营情况	财务数据	个性化结果		金额数据
	应急资金融资方案		参数表	不唯一/多种选择	融到足额资金/融不到足额	下一步投资运营/创业失败，退出或者重新开始试验
20	下期循环三轮	同第一期	同第一期	同第一期	同第一期	同第一期

附录

附录1　虚拟仿真实验操作指南

大学生创业融资方案演进虚拟仿真实验主要是针对非经济类专业的学生学习《创业基础》课程设计的，用于体验创业融资及资金周转过程。实验后台记录实验者每个资金融通和资金耗费流转的金额，形成创业项目不同时期的现金流和利润表，这些数据是创业计划书中财务分析部分的主要内容。实验操作是创业计划书和未来创业融资的一个预演，请同学们认真完成。首先，这可为写好创业计划书打好基础；其次，这可以详细地完善财务分析相关部分，有助于参与和赢得各种创业比赛！

实验特别注意事项：

1. 使用火狐或者谷歌浏览器上网做实验。

2. 第一次做实验时加载时间较长，请耐心等待。长时间不能完成加载的原因可能是以下几个：电脑配置（64位操作系统）、网络环境、在线人数等。实验过程中不能输入数据，可能是内存不足或者网络问题，可退出全屏或输数据后点击回车键。

3. 若想尽快完成融资，进入运营期，可以把自有资金占比提高，这样融资需求额就会相应减少，最后通过合伙人融资，补足差额。接下来就是运营了。

4. "初创期"完成后，点击下载实验报告。当数据回传成功后，退出全屏，找到开始页面，可以评价完成实验。如果时间允许的话，可以继续进行"成长期"的实验。

步骤一：登录实验空间主页 http：//www. ilab－x. com/。

步骤二：点击登录（如无账号，需要先注册），并确认登录成功（成功登录后，右上角会显示姓名，注意不要用昵称）。

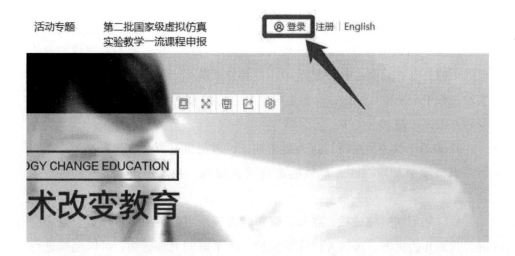

步骤三：点击课程中心，输入"袁堂梅"或者"大学生"进行搜索，然后选择"大学生创业融资方案演进虚拟仿真实验"。

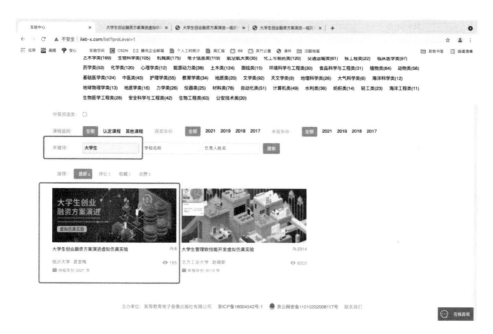

步骤四：进入"大学生创业融资方案演进虚拟仿真实验"介绍页面，首先点击"收藏""点赞"，然后点击"我要做实验"。

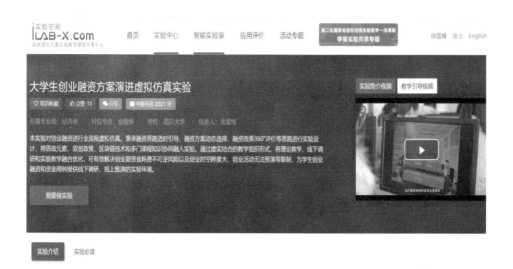

步骤五：跳转实验界面，点击"开始实验"。

步骤六：进入实验后，直接点击"下一步"，考核部分也可以直接点击"下一步"。

步骤七：等待实验资源下载的进度条走完，再点击"开始实验"，正式进入虚拟仿真实验系统，开始进行实验。

提示：选择初创期，有创业项目的，可以根据自己的创业项目市场调研数据做实验；没有创业项目的，可以根据系统给定的"预设项目数据"或者已经掌握的知识，按照提示进行实验。融资部分可以选择政府、银行、天使投资、合伙人（找合伙人时，需要按住鼠标右键，旋转一下图），在需要输入数据的地方输入数据，在需要进行选择的地方，可直接点击。初创期开始运营后，一般情况下都可以选择"不需要融资"。对于自建和租赁，其中一个输入数据，另一个自动为0。该实验主要是让学生通过实验了解创业企业融资及其资金运转的流程，并在完成实验后形成有效数据。

步骤八：做完实验后，下载实验报告，然后点击 Esc 键退出全屏，回到开始页面，可对实验进行评价。

附录 2　初创期实验参考数据

一、初创期实验参考数据 1

1. 资金需求预测表

附表 1.1　　　　　　　　　　资金需求预测表

项目			金额
厂房		自建	600000
		租入	0
设备		自建	200000
		租入	0
办公场所设施			10000
无形资产			20000
团队成员工资			0
聘用人员工资			60000
生产运营耗材			90000
办公耗用材料			3000
研发费用			30000
保险费用			0
运营支出			3000
参展费、广告费等			10000
流动运营资金预留			30000
资金需求总额			1056000

2. 自有资金汇总表

附表 1.2　　　　　　　　　自有资金汇总表

团队成员	自有资金
1	300000
2	200000
3	200000
合计	700000
融资需求	*后台计算*

3. 运营期资金投放与回收

请根据本月的实际需要，开始第 1 个月的运营吧！

附表 1.3　　　　　　　　　第 1 个月实际运营表

项目		金额
厂房	自建	600000
	租入	0
设备	自建	200000
	租入	0
办公场所设施（租）		20000
团队成员工资		0
聘用人员工资		20000
办公耗用材料		3000
研发费用		30000
生产运营支出		30000
参展费、广告费等		10000
流动运营资金		30000
利息支出		6400
借款本金归还		0
营业收入		0
本月现金余额		*后台计算*

开始第 2 个月的运营:

附表 1.4 第 2 个月实际运营表

项目			金额
厂房		自建	0
		租入	0
设备		自建	0
		租入	0
办公场所设施（租）			0
团队成员工资			0
聘用人员工资			20000
办公耗用材料			2000
研发费用			0
生产运营支出			30000
参展费、广告费等			3000
流动运营资金			0
利息支出			6400
借款本金归还			0
营业收入			100000
本月现金余额			*后台计算*

开始第 3 个月的运营:

附表 1.5 第 3 个月实际运营表

项目			金额
厂房		自建	0
		租入	0
设备		自建	0
		租入	0
办公场所设施（租）			0
团队成员工资			0
聘用人员工资			20000

项目	金额
办公耗用材料	2000
研发费用	0
生产运营支出	30000
参展费、广告费等	3000
流动运营资金	0
利息支出	6400
借款本金归还	0
营业收入	110000
本月现金余额	*后台计算*

开始第 4 个月的运营：

附表 1.6　　　　　　　　　　第 4 个月实际运营表

项目		金额
厂房	自建	0
	租入	0
设备	自建	0
	租入	0
办公场所设施（租）		0
团队成员工资		0
聘用人员工资		20000
办公耗用材料		2000
研发费用		0
生产运营支出		30000
参展费、广告费等		3000
流动运营资金		0
利息支出		6400
借款本金归还		0
营业收入		120000
本月现金余额		*后台计算*

开始第 5 个月的运营:

附表 1.7	第 5 个月实际运营表	
项目		金额
厂房	自建	0
	租入	0
设备	自建	0
	租入	0
办公场所设施（租）		0
团队成员工资		0
聘用人员工资		20000
办公耗用材料		2000
研发费用		0
生产运营支出		30000
参展费、广告费等		3000
流动运营资金		0
利息支出		6400
借款本金归还		0
营业收入		130000
本月现金余额		*后台计算*

开始第 6 个月的运营:

附表 1.8	第 6 个月实际运营表	
项目		金额
厂房	自建	0
	租入	0
设备	自建	0
	租入	0
办公场所设施（租）		0
团队成员工资		0
聘用人员工资		20000
办公耗用材料		2000

项目	金额
研发费用	0
生产运营支出	30000
参展费、广告费等	3000
流动运营资金	0
利息支出	6400
借款本金归还	0
营业收入	150000
本月现金余额	*后台计算*

二、初创期实验参考数据2

1. 资金需求预测表

附表2.1 　　　　　　　　资金需求预测表

项目		金额
厂房	自建	600000
	租入	0
设备	自建	200000
	租入	0
办公场所设施		10000
无形资产		20000
团队成员工资		0
聘用人员工资		60000
生产运营耗材		90000
办公耗用材料		3000
研发费用		30000
保险费用		0
运营支出		3000
参展费、广告费等		10000
流动运营资金预留		30000
资金需求总额		1056000

2. 自有资金汇总表

附表 2.2 自有资金汇总表

团队成员	自有资金
1	300000
2	200000
3	100000
合　计	600000
融资需求	*后台计算*

3. 运营期资金投放与回收

请根据本月的实际需要，开始第 1 个月的运营吧！

附表 2.3 第 1 个月实际运营表

项目		金额
厂房	自建	600000
	租入	0
设备	自建	200000
	租入	0
办公场所设施（租）		20000
团队成员工资		0
聘用人员工资		20000
办公耗用材料		3000
研发费用		30000
生产运营支出		3000
参展费、广告费等		10000
流动运营资金		30000
利息支出		6400
借款本金归还		0
营业收入		100000
本月现金余额		*后台计算*

开始第 2 个月的运营：

附表 2.4　　　　　　　　　　第 2 个月实际运营表

项目		金额
厂房	自建	0
	租入	0
设备	自建	0
	租入	0
办公场所设施（租）		0
团队成员工资		0
聘用人员工资		20000
办公耗用材料		2000
研发费用		0
生产运营支出		30000
参展费、广告费等		3000
流动运营资金		0
利息支出		6400
借款本金归还		0
营业收入		0
本月现金余额		*后台计算*

开始第 3 个月的运营：

附表 2.5　　　　　　　　　　第 3 个月实际运营表

项目		金额
厂房	自建	0
	租入	0
设备	自建	0
	租入	0
办公场所设施（租）		0
团队成员工资		0
聘用人员工资		20000

续表

项目	金额
办公耗用材料	2000
研发费用	0
生产运营支出	30000
参展费、广告费等	3000
流动运营资金	0
利息支出	6400
借款本金归还	0
营业收入	0
本月现金余额	*后台计算*

开始第 4 个月的运营：

附表 2.6　　　　　　　　　　　　第 4 个月实际运营表

项目		金额
厂房	自建	0
	租入	0
设备	自建	0
	租入	0
办公场所设施（租）		0
团队成员工资		0
聘用人员工资		20000
办公耗用材料		2000
研发费用		0
生产运营支出		30000
参展费、广告费等		3000
流动运营资金		0
利息支出		6400
借款本金归还		0
营业收入		120000
本月现金余额		*后台计算*

开始第 5 个月的运营：

附表 2.7　　　　　　　第 5 个月实际运营表

项目		金额
厂房	自建	0
	租入	0
设备	自建	0
	租入	0
办公场所设施（租）		0
团队成员工资		0
聘用人员工资		20000
办公耗用材料		2000
研发费用		0
生产运营支出		40000
参展费、广告费等		3000
流动运营资金		0
利息支出		6400
借款本金归还		0
营业收入		120000
本月现金余额		*后台计算*

开始第 6 个月的运营：

附表 2.8　　　　　　　第 6 个月实际运营表

项目		金额
厂房	自建	0
	租入	0
设备	自建	0
	租入	0
办公场所设施（租）		0
团队成员工资		0
聘用人员工资		30000
办公耗用材料		2000

续表

项目	金额
研发费用	0
生产运营支出	40000
参展费、广告费等	3000
流动运营资金	0
利息支出	6400
借款本金归还	0
营业收入	150000
本月现金余额	*后台计算*

三、初创期实验参考数据3

1. 资金需求预测表

附表3.1　　　　　　　　　　资金需求预测表

项目		金额
厂房	自建	300000
	租入	0
设备	自建	200000
	租入	0
办公场所设施		10000
无形资产		20000
团队成员工资		0
聘用人员工资		60000
生产运营耗材		90000
办公耗用材料		3000
研发费用		30000
保险费用		0
运营支出		3000
参展费、广告费等		10000
流动运营资金预留		30000
资金需求总额		756000

2. 自有资金汇总表

附表 3.2 自有资金汇总表

团队成员	自有资金
1	300000
2	200000
3	100000
合计	*后台计算*
融资需求	*后台计算*

3. 运营期资金投放与回收

请根据本月的实际需要，开始第 1 个月的运营吧！

附表 3.3 第 1 个月实际运营表

项目		金额
厂房	自建	300000
	租入	0
设备	自建	200000
	租入	0
办公场所设施（租）		20000
团队成员工资		0
聘用人员工资		20000
办公耗用材料		3000
研发费用		0
生产运营支出		30000
参展费、广告费等		10000
流动运营资金		30000
利息支出		6400
借款本金归还		0
营业收入		0
本月现金余额		*后台计算*

开始第 2 个月的运营：

附表 3.4   第 2 个月实际运营表

项目		金额
厂房	自建	0
	租入	0
设备	自建	0
	租入	0
办公场所设施（租）		0
团队成员工资		0
聘用人员工资		20000
办公耗用材料		2000
研发费用		0
生产运营支出		30000
参展费、广告费等		3000
流动运营资金		0
利息支出		6400
借款本金归还		0
营业收入		60000
本月现金余额		*后台计算*

开始第 3 个月的运营：

附表 3.5   第 3 个月实际运营表

项目		金额
厂房	自建	0
	租入	0
设备	自建	0
	租入	0
办公场所设施（租）		0
团队成员工资		0
聘用人员工资		20000

项目	金额
办公耗用材料	2000
研发费用	0
生产运营支出	30000
参展费、广告费等	3000
流动运营资金	0
利息支出	6400
借款本金归还	0
营业收入	100000
本月现金余额	*后台计算*

开始第4个月的运营：

附表3.6　　　　　　　　　　　第4个月实际运营表

项目		金额
厂房	自建	0
	租入	0
设备	自建	0
	租入	0
办公场所设施（租）		0
团队成员工资		0
聘用人员工资		30000
办公耗用材料		2000
研发费用		0
生产运营支出		60000
参展费、广告费等		3000
流动运营资金		0
利息支出		6400
借款本金归还		0
营业收入		120000
本月现金余额		*后台计算*

开始第 5 个月的运营：

附表 3.7 第 5 个月实际运营表

项目		金额
厂房	自建	0
	租入	0
设备	自建	0
	租入	0
办公场所设施（租）		0
团队成员工资		0
聘用人员工资		30000
办公耗用材料		2000
研发费用		0
生产运营支出		60000
参展费、广告费等		3000
流动运营资金		0
利息支出		6400
借款本金归还		0
营业收入		130000
本月现金余额		后台计算

开始第 6 个月的运营：

附表 3.8 第 6 个月实际运营表

项目		金额
厂房	自建	0
	租入	0
设备	自建	0
	租入	0
办公场所设施（租）		0
团队成员工资		0
聘用人员工资		30000
办公耗用材料		2000

项目	金额
研发费用	0
生产运营支出	60000
参展费、广告费等	3000
流动运营资金	0
利息支出	6400
借款本金归还	0
营业收入	150000
本月现金余额	*后台计算*

四、初创期实验参考数据 4

1. 资金需求预测表

附表 4.1　　　　　　　　　资金需求预测表

项目			金额
厂房		自建	300000
		租入	0
设备		自建	100000
		租入	0
办公场所设施			10000
无形资产			20000
团队成员工资			0
聘用人员工资			60000
生产运营耗材			60000
办公耗用材料			3000
研发费用			0
保险费用			0
运营支出			3000
参展费、广告费等			0
流动运营资金预留			30000
资金需求总额			*后台计算*

2. 自有资金汇总表

附表 4.2　　　　　　　　　　自有资金汇总表

团队成员	自有资金
1	200000
2	200000
3	100000
合计	后台计算
融资需求	后台计算

3. 运营期资金投放与回收

请根据本月的实际需要，开始第 1 个月的运营吧！

附表 4.3　　　　　　　　　　第 1 个月实际运营表

项目		金额
厂房	自建	300000
	租入	0
设备	自建	100000
	租入	0
办公场所设施（租）		20000
团队成员工资		0
聘用人员工资		20000
办公耗用材料		3000
研发费用		30000
生产运营支出		20000
参展费、广告费等		10000
流动运营资金		30000
利息支出		6400
借款本金归还		0
营业收入		0
本月现金余额		后台计算

开始第 2 个月的运营：

附表 4. 4   第 2 个月实际运营表

项目			金额
厂房		自建	0
		租入	0
设备		自建	0
		租入	0
办公场所设施（租）			0
团队成员工资			0
聘用人员工资			20000
办公耗用材料			2000
研发费用			0
生产运营支出			20000
参展费、广告费等			3000
流动运营资金			0
利息支出			6400
借款本金归还			0
营业收入			60000
本月现金余额			*后台计算*

开始第 3 个月的运营：

附表 4. 5   第 3 个月实际运营表

项目			金额
厂房		自建	0
		租入	0
设备		自建	0
		租入	0
办公场所设施（租）			0
团队成员工资			0
聘用人员工资			20000

续表

项目	金额
办公耗用材料	2000
研发费用	0
生产运营支出	20000
参展费、广告费等	3000
流动运营资金	0
利息支出	6400
借款本金归还	0
营业收入	100000
本月现金余额	*后台计算*

开始开始第4个月的运营：

附表4.6　　　　　　　　　　　第4个月实际运营表

项目			金额
厂房		自建	0
		租入	0
设备		自建	0
		租入	0
办公场所设施（租）			0
团队成员工资			0
聘用人员工资			20000
办公耗用材料			2000
研发费用			0
生产运营支出			20000
参展费、广告费等			3000
流动运营资金			0
利息支出			6400
借款本金归还			0
营业收入			110000
本月现金余额			*后台计算*

开始第 5 个月的运营：

附表4.7　　　　　　　　　　　第 5 个月实际运营表

项目			金额
厂房		自建	0
		租入	0
设备		自建	0
		租入	0
办公场所设施（租）			0
团队成员工资			0
聘用人员工资			20000
办公耗用材料			2000
研发费用			0
生产运营支出			20000
参展费、广告费等			3000
流动运营资金			0
利息支出			6400
借款本金归还			0
营业收入			110000
本月现金余额			*后台计算*

开始第 6 个月的运营：

附表4.8　　　　　　　　　　　第 6 个月实际运营表

项目			金额
厂房		自建	0
		租入	0
设备		自建	0
		租入	0
办公场所设施（租）			0
团队成员工资			0
聘用人员工资			20000
办公耗用材料			2000

项目	金额
研发费用	0
生产运营支出	20000
参展费、广告费等	3000
流动运营资金	0
利息支出	6400
借款本金归还	0
营业收入	120000
本月现金余额	*后台计算*

五、初创期实验参考数据 5

1. 资金需求预测表

附表 5.1 资金需求预测表

项目		金额
厂房	自建	300000
	租入	0
设备	自建	200000
	租入	0
办公场所设施		10000
无形资产		20000
团队成员工资		0
聘用人员工资		60000
生产运营耗材		90000
办公耗用材料		3000
研发费用		0
保险费用		0
运营支出		3000
参展费、广告费等		0
流动运营资金预留		30000
资金需求总额		*后台计算*

2. 自有资金汇总表

附表 5.2　　　　　　　　　　　自有资金汇总表

团队成员	自有资金
1	300000
2	200000
3	150000
合计	*后台计算*
融资需求	*后台计算*

3. 运营期资金投放与回收

请根据本月的实际需要，开始第 1 个月的运营！

附表 5.3　　　　　　　　　　第 1 个月实际运营表

项目		金额
厂房	自建	300000
	租入	0
设备	自建	200000
	租入	0
办公场所设施（租）		20000
团队成员工资		0
聘用人员工资		20000
办公耗用材料		3000
研发费用		30000
生产运营支出		30000
参展费、广告费等		10000
流动运营资金		30000
利息支出		6400
借款本金归还		0
营业收入		0
本月现金余额		*后台计算*

开始第 2 个月的运营：

附表 5.4   **第 2 个月实际运营表**

项目		金额
厂房	自建	0
	租入	0
设备	自建	0
	租入	0
办公场所设施（租）		0
团队成员工资		0
聘用人员工资		20000
办公耗用材料		2000
研发费用		0
生产运营支出		30000
参展费、广告费等		3000
流动运营资金		0
利息支出		6400
借款本金归还		0
营业收入		60000
本月现金余额		*后台计算*

开始第 3 个月的运营：

附表 5.5   **第 3 个月实际运营表**

项目		金额
厂房	自建	0
	租入	0
设备	自建	0
	租入	0
办公场所设施（租）		0
团队成员工资		0
聘用人员工资		20000

续表

项目	金额
办公耗用材料	2000
研发费用	0
生产运营支出	30000
参展费、广告费等	3000
流动运营资金	0
利息支出	6400
借款本金归还	0
营业收入	100000
本月现金余额	*后台计算*

开始第 4 个月的运营：

附表 5.6　　　　　　　　　第 4 个月实际运营表

项目		金额
厂房	自建	0
	租入	0
设备	自建	0
	租入	0
办公场所设施（租）		0
团队成员工资		0
聘用人员工资		30000
办公耗用材料		2000
研发费用		0
生产运营支出		60000
参展费、广告费等		3000
流动运营资金		0
利息支出		6400
借款本金归还		0
营业收入		120000
本月现金余额		*后台计算*

开始第 5 个月的运营：

附表 5.7 　　　　　　　　　　　　**第 5 个月实际运营表**

项目		金额
厂房	自建	0
	租入	0
设备	自建	0
	租入	0
办公场所设施（租）		0
团队成员工资		0
聘用人员工资		30000
办公耗用材料		2000
研发费用		0
生产运营支出		60000
参展费、广告费等		3000
流动运营资金		0
利息支出		6400
借款本金归还		0
营业收入		130000
本月现金余额		*后台计算*

开始第 6 个月的运营：

附表 5.8 　　　　　　　　　　　　**第 6 个月实际运营表**

项目		金额
厂房	自建	0
	租入	0
设备	自建	0
	租入	0
办公场所设施（租）		0
团队成员工资		0

项目	金额
聘用人员工资	30000
办公耗用材料	2000
研发费用	0
生产运营支出	60000
参展费、广告费等	3000
流动运营资金	0
利息支出	6400
借款本金归还	0
营业收入	150000
本月现金余额	后台计算